BIBLIOTHÈQUE INTERNATIONALE DES SCIENCES SOCIALES

DÉSIRÉ DESCAMPS

L'ALCOOLISME

ET

LA QUESTION SOCIALE

Labourez profond.
A. Dupont.

Les ouvrages de la **Bibliothèque Internationale des Sciences Sociales** sont en vente dans toutes les gares.

LILLE
DESCAMPS & Cie, LIBRAIRES-EDITEURS

DU MÊME AUTEUR

En vente :

LE PROBLÈME DU BONHEUR

(La Richesse et l'Amour dans le Présent et dans l'Avenir)

Connais ta tâche et remplis-la !
T. Carlyle.

Préface. Introduction. — LA CONQUÊTE DE L'AISANCE. 1. Abondance et Misère. 2. La Faim, douleur universelle. 3. La Recherche de la Nourriture. 4. Le Joug de l'Estomac. 5. Les Sources du Vivre. 6. L'Œuvre de l'Homme. 7. Les Denrées agricoles. 8. Les Produits industriels. 9. Le Gaspillage des Forces productives : A. Obstacles apportés à la Production agricole ; B. Obstacles apportés à la Production industrielle. 10. L'Agricul- de Demain. 11. L'Industrie future. 12. La Fin de l'Agriculture. 13. La Dilapidation des Produits du Travail. 14. Justice ! — LA LIBERTÉ DE NAITRE. 1. La Stérilité, c'est la Mort. 2. La Prolificence humaine. 3. La Viriculture extensive et la Viriculture intensive. 4. Le Malthusianisme. 5. La Peur de la Surpopulation. 6. La Fécondité humaine dans l'Avenir. 7. La Question des Subsistances. 8. La Surpopulation prolétarienne. 9. Liberté ! 10. La Tâche « régénératrice. » — LE DROIT DE VIVRE. 1. La Longévité humaine. 2. La Loi des Salaires. 3. Capitalisme et Paupérisme. 4. La Dégénérescence de la Race. 5. Les Maladies professionnelles. 6. L'Influence de la Richesse et de la Misère sur la Mortalité. 7. L'Universalisation du Bien-Etre. — RÉGRÈS OU PROGRÈS. 1. Le Struggleforlifisme. 2. L'Isolement chez les Minéraux. 3. Le Groupement chez les Minéraux. 4. Le Combat pour la Vie chez les Végétaux. 5. L'Union chez les Végétaux. 6. La Lutte pour l'Existence chez les Animaux. 7. L'Appui mutuel chez les Animaux. 8. La Concurrence vitale chez les Hommes : A. Lutte contre le Milieu Cosmique, le Végétal et l'Animal ; B. Luttes des Sauvages et des Barbares ; C. Lutte des Civilisés contre les Sauvages et les Barbares ; D. Lutte politique entre les Civilisés ; E. Lutte économique entre les Civilisés. 8. L'Association chez les Hommes. 10. Solidarité ! *Conclusion. Postface. Répertoire alphabétique des Noms propres. Table des Matières.*

Un fort vol. gr. in-18 jésus, prix broché : 3 fr. 50.

Cet ouvrage forme le premier volume de la BIBLIOTHÈQUE INTERNATIONALE DES SCIENCES SOCIALES.

PRÉFACE

L'ALCOOLISME! *Qui se préoccupait de cette maladie il y a un demi-siècle? Personne. Aujourd'hui, physiologistes et médecins, aliénistes et criminalistes, moralistes et économistes, sociologues et politiques... étudient son développement et recherchent les moyens de l'enrayer.*

L'ALCOOLISME *doit être combattu, non dans ses manifestations, mais dans ses causes. Nul ne peut se dire homme de bien s'il se borne à panser les blessures de ses frères en civilisation. S'en prendre aux effets d'un mal est absurde. C'est le mal même qu'il faut attaquer. C'est sa source qu'il faut tarir.*

De l'issue de la lutte dépend le salut de l'Homme et de son œuvre.

L'ALCOOLISME *débilite les individus et ruine les sociétés. Ne développe-t-il pas la folie, le suicide, la criminalité?... N'accroît-il pas la morbidité et la mortalité? N'est-ce pas à lui que la population ouvrière de nos cités industrielles doit, en partie, la dégénérescence physique, (diminution de taille, de poids, de fécondité, de vie, etc.) dont elle est atteinte?*

Le remède à un mal aussi puissant et aussi redoutable doit être activement recherché.

Dès qu'il sera connu, qui donc osera s'opposer à son application?

S'il est prouvé qu'une transformation sociale est nécessaire pour mettre fin à l'une des plus dangereuses intoxications auxquelles l'Humanité ait été exposée depuis nombre de siècles, s'il est établi que le péril qui menace les générations futures ne peut être conjuré que par le Socialisme, c'est vers lui que devra aiguiller désormais toute politique honnête.

Salus populi suprema lex esto.

DÉSIRÉ DESCAMPS.

L'ALCOOLISME

INTRODUCTION

De tout temps l'Homme a recherché les boissons qui enivrent.

Aujourd'hui encore, sous les climats les plus divers, ne le voit-on pas boire jusqu'à perte complète de raison ?

Pourquoi cette passion quasi universelle pour les substances enivrantes ?

Parce que l'Homme souffre. Il a faim, il a soif, il a chaud, il a froid, l'amour le tourmente, le passé l'attriste, l'avenir l'effraye. Dans l'ivresse, il oublie sa souffrance, sa faiblesse, son impuissance ; il voit la vie sous une perspective plus riante ; il ressent des joies que la réalité ne lui fait point éprouver.

*
* *

Tous les peuples font usage de boissons enivrantes et tous leur demandent la force et la joie, c'est-à-dire ce que l'égalité et la solidarité sociales peuvent seules leur assurer.

« L'ivresse est en quelque sorte la poésie de la vie digestive, dit C. Letourneau dans sa *Sociologie d'après l'ethnographie* ; elle excite tout d'abord la vie cérébrale, et, pour un moment, transporte l'homme au-dessus du train banal de l'existence. Or, c'est là une jouissance d'autant plus précieuse que la vie est plus rude, plus périlleuse, plus accablée. Pour un pauvre être, se débattant constamment dans les angoisses de la faim, menant souvent une existence de gibier constamment pourchassé, c'est une félicité bien grande que d'éprouver, ne fût-ce qu'un instant, une impression de bien-être sans mélange, une certaine joie de vivre, que de ne plus sentir les morsures du milieu physique et social, de dominer, comme un dieu, les bêtes et les hommes sauvages dont il est entouré... Ces joies grossières de l'ivresse, le genre humain presque tout entier les a cherchées et trouvées. On compte sans peine les rares contrées où l'homme n'a pas inventé un moyen quelconque de perdre à volonté le peu de raison qu'il possédait : les procédés sont divers, le but est partout le même. L'agent le plus usité est l'alcool, ou plus exactement les boissons alcooliques : l'ivresse qu'elles procurent est généralement agréable, et les moyens de les abriquer abondent, puisqu'il suffit d'avoir à sa disposition des substances sucrées ou féculentes. »

Si quelques sauvages (Tasmaniens, Australiens, etc.) n'ont usé des boissons enivrantes que le jour où les Européens les leur ont procurées, c'est parce qu'ils n'avaient pas su jusqu'alors les fabriquer.

Partout l'Homme — qu'il soit sauvage, barbare ou civilisé — use et abuse des substances propres à le faire déraisonner, principalement des boissons alcooliques qui sont de beaucoup les plus recherchées et aussi, hélas ! les plus dangereuses des boissons enivrantes (1).

« Les Indiens de la Guyane savent tirer de leur cassava une boisson enivrante, dit Letourneau ; mais les breuvages fermentés les plus usités en Amérique semblent avoir été inventés par les anciens Mexicains et Péruviens. Au Mexique, c'est le pulque ou jus fermenté de l'agave amé-

(1) « Comme l'ivresse alcoolique est une des plus gaies que l'homme puisse goûter, dit LETOURNEAU, presque tous les hommes de toute race s'y adonnent avec empressement, dès qu'ils ont appris à la connaître. Les races inférieures s'y plongent même d'habitude avec une ardeur toute animale que ne contient aucun frein intellectuel et moral ; c'est d'ordinaire le premier emprunt qu'elles font à la civilisation européenne, et qu'elles payent vite au prix de leur extinction rapide. » — Nous verrons plus loin que l'alcool, pris à faible dose, rend malade, et, à forte dose, tue tous les êtres organisés : animaux ou végétaux.

ricain qui est en honneur. Les anciens Mexicains ont aussi connu, sans doute, la bière de maïs ou chicha plus répandue cependant au Pérou, en Bolivie, etc. Les Taïtiens, qui, lors des voyages de Cook, repoussaient les boissons alcooliques, se sont trop réconciliés avec elles. Leur prompte et sanglante conversion au christianisme a été accompagnée d'une conversion plus complète et plus sincère à l'ivrognerie. En effet, des distilleries s'établirent dans toutes les parties de l'île christianisée. Pendant un certain temps, les insulaires, presque toujours ivres, étaient ravalés au-dessous de la brute. Les femmes couraient au devant de la prostitution, en criant incessamment : « Du rhum ! » du rhum ! » Il n'y a guère de race inférieure, chez qui la passion de l'ivrognerie ne se développe avec la même énergie et où elle ne produise des effets analogues. Pour du rhum, l'Australien prostitue volontiers sa femme ou ses femmes. Les insulaires de la Malaisie s'enivre volontiers avec de l'arak ou rhum de Java, qu'ils se procurent par voie d'échange, quand ils ne savent pas le fabriquer. Personne n'ignore quel rôle joue l'eau de feu dans la vie ou plutôt dans la mort du Peau-Rouge de l'Amérique du Nord. Dans toute l'Amérique du Sud, le plaisir de l'ivresse est également recherché. Les tribus des régions équatoriales ou subéquatoriales fabriquent elles-mêmes leur chicha ou quelque boisson analogue. Quant aux nomades cavaliers des Pampas, ils s'en procurent, autant qu'ils peuvent, en donnant en échange des peaux d'autruche, des cuirs, etc. Pour les Puelches, les Araucanos, les Patagons, l'ivresse est le bonheur suprême auquel on sacrifie tout.

« Du temps de Marco Polo, les Chinois savaient déjà faire un vin de riz épicé, excellent et généreux, selon le vieux chroniqueur. Les congénères des Chinois, les Tartares, nomades et pasteurs, eurent l'idée de faire fermenter le lait de leurs juments et de le convertir ainsi en une boisson enivrante appelée koumys ; ils ont su aussi distiller ce koumys et en extraire ainsi une sorte d'eau-de-vie, l'arack, qui est pour eux une boisson de prédilection. En Arabie, et partout où la civilisation arabe s'est naturalisée, notamment dans le Fezzan et chez les Maures de l'Afrique centrale, le vin de palme est en grande estime. Car la casuitique mahométane, souple et agile comme sa sœur chrétienne, sait distinguer entre l'ivresse hétérodoxe, stigmatisée par le prophète, et l'ivresse orthodoxe, que procurent les boissons auxquelles la vigne maudite est restée étrangère. En Perse, par exemple, on fabrique avec des aromates, divers fruits et surtout des oranges, une liqueur très alcoolique que les dévots peuvent déguster sans scrupule. La boisson africaine par excellence, celle de l'Afrique nègre, est une espèce de bière faite avec du sorgho et qui est en usage depuis la région du haut Nil, jusque chez les Cafres. Seuls, les Hottentots, qui ne sont pas agriculteurs, ont remplacé la bière de sorgho par une sorte d'hydromel fait avec du miel fermenté et diverses racines.»

En Europe et chez les populations civilisées de l'Amérique du Nord, l'ivrognerie est aussi fort répandue. On y consomme le vin, la bière, le cidre, le poiré, le cormé, le calvados, le whiskey, le schiedam, le kirsch, le couetche, le rhum, le tafia, le genièvre, le cassis, le ratafia, le curaçao, la menthe, l'anisette, l'absinthe, le bitter, la prunelle, le marasquin,, le kummel, le vespétro, le vermouth, la chartreuse, la bénédictine, la trappistine, les vins-liqueurs, etc. etc.

Avec le suc de l'asclépias acide, les Aryas fabriquaient le soma.

Les boissons bachiques furent connues dès la plus haute antiquité.

Dans la vallée du Nil, la culture de la vigne était déjà prospère plusieurs milliers d'années avant notre ère. Sous les Ptolémées, les vins d'Égypte comptaient parmi les plus célèbres du monde. Le coptos, le maréotique, le tæniotique, le sebennytique et le méroé étaient délicieux. Le peuple, il est vrai, ne pouvait consommer ces excellents produits. Il buvait du vin de qualité inférieure, les uns naturels comme le lybique — « si mauvais, dit Strabon, qu'on met dans les tonneaux plus d'eau de mer que de vin » —; les autres artificiels comme le mixa ou vin de sebestier. La bière était aussi consommée par les classes pauvres.

En Grèce, à Rome, chez la plupart des peuples occidentaux, le vin fut de bonne heure une boisson fort recherchée.

Les Hellènes étaient d'excellents vignerons. Citons parmi leurs vins les plus célèbres : ceux de Chio (le phanée et l'arvisium), de Tmole, de Thasos, de Lesbos, de Rhodes, d'Argitis, d'Argos, d'Amminée, d'Halicarnasse, de Myndus, de Cos, de Crète. de Lydie, de Magnésie, de Peparethus, de Psythie, etc.

Les Romains surent aussi fabriquer de fort bons vins. Ceux de Falerne, de Cécube, d'Albe et de Calès, par exemple, valaient bien les meilleurs crus de la Grèce.

La vigne fut importée dans notre pays par les Phéniciens. Elle s'y multiplia rapidement. Domitien la fit arracher afin de favoriser la culture du blé. Charles IX prit la même mesure sans plus de succès — naturellement.

Jusqu'au treizième siècle de notre ère, l'art d'extraire l'alcool fut ignoré en Europe (1). Il nous a été révélé par Arnaud de Villeneuve.

En 1514, Louis XII accorda aux vinaigriers l'autorisation de distiller les eaux-de-vie que vendaient seuls les apothicaires.

Louis XIV en permit le débit dans les rues. Les « tavernes et cabarets » se multiplièrent.

L'eau-de-vie devint une boisson populaire.

Quelques monarques — à l'exemple de Dracon, Lycurgue, Pittacus, Soliman Ier, etc, — tentèrent de réprimer l'ivresse. Ils échouèrent.

Une ordonnance du prévôt de Paris, rendue en 1397 fait défense aux gens de métier, de petit état et de petite qualité de se livrer à des jeux de hasard dans les cabarets.

François Ier édicta des peines fort sévères contre les buveurs d'habitude. Un édit de 1536 porte que « quiconque sera trouvé ivre sera incontinent constitué et détenu prisonnier au pain et à l'eau pour la première fois; et, si secondai-

(1) Le premier *alcool* (arabe : *al*, la ; *cohol*, chose subtile) remonte, dit-on, au douzième siècle de notre ère. Ses pères — les Arabes — le tiraient du vin. THADÉE, de Florence, pratiqua également la distillation avant ARNAUD DE VILLENEUVE.

rement il est pris, sera outre ce que devant, battu de verges dans la prison; et, la tierce fois, sera fustigé publiquement; et, s'il est incorrigible, sera puni d'amputation d'oreilles et d'infamie, et de bannissement de sa personne. Si, par ébriété, lesdits ivrognes commettent aucun mauvais cas, il leur sera pour cette occasion pardonné, mais seront punis de la peine due au délit et davantage pour ladite ébriété.»

Une ordonnance royale de 1579 fait défense « à tous, manants et habitants bourgades ou villages, qui sont mariés et ont ménage, d'aller boire ou manger ès tavernes et cabarets, et aux dits taverniers ou cabaretiers de les y recevoir, à peine d'amende arbitraire pour la première fois, et de prison pour la deuxième.»

La loi du 23 janvier 1873 est bien moins rigoureuse. Qu'on en juge: « Art. 1er. Seront punis d'une amende de 1 à 5 francs inclusivement ceux qui seront trouvés en état d'ivresse manifeste dans les rues, chemins, places, cafés, cabarets ou autres lieux publics... Art. 2. En cas de nouvelle récidive... dans les douze mois qui auront suivi la deuxième condamnation, l'inculpé sera traduit devant le tribunal de police correctionnelle et puni d'un emprisonnement de six jours à un mois et d'une amende de 16 francs à 300 francs. — Quiconque ayant été condamné en police correctionnelle pour ivresse, depuis moins d'un an, s'est de nouveau rendu coupable du même délit, sera condamné au maximum des peines indiquées au paragraphe précédent, lesquelles pourront être élevées jusqu'au double. Art. 3. Toute personne qui aura été condamnée deux fois en police correctionnelle pour délit d'ivresse manifeste, conformément à l'article précédent, sera déclarée par le second jugement incapable d'exercer les droits suivants : 1° de vote et d'élection ; 2° d'éligibilité ; 3° d'être appelée ou nommée aux fonctions de juré ou autres fonctions publiques ou aux emplois de l'administration, ou d'exercer ces fonctions ou emplois ; 4° de port d'armes pendant deux ans, à partir du jour où la condamnation sera devenue irrévocable. Art. 4. Seront punis d'une amende de 1 à 5 francs inclusivement les cafetiers, cabaretiers et autres débitants qui auront donné à boire à des gens manifestement ivres, ou qu'ils les auront reçus dans leurs établissements, ou auront servi des liqueurs alcooliques à des mineurs âgés de moins de seize ans accomplis... Art. 5. Seront punis d'un emprisonnement de six jours à un mois et d'une amende de 16 francs à 300 francs, les cafetiers, cabaretiers et autres débitants qui, dans les douze mois qui auront suivi la deuxième condamnation prononcée en vertu de l'article précédent, ont commis un des faits prévus au dit article. — Quiconque, ayant été condamné en police correctionnelle pour l'un ou l'autre des mêmes faits, depuis moins d'un an, se rendra de nouveau coupable de l'un ou de l'autre de ces faits, sera condamné au maximum des peines indiquées au paragraphe précédent, lesquelles pourront être portées jusqu'au double... Art. 7. Sera puni d'un emprisonnement de six jours à un mois et d'une amende de 16 francs à 300 francs, quiconque aura fait boire jusqu'à l'ivresse un mineur âgé de moins de seize ans accomplis... »

Aucune de ces mesures n'a pu restreindre l'usage des boissons alcooliques.

La passion du peuple pour les substances enivrantes n'a fait que croître.

La soif de l'alcool défie toute répression pénale.

Ses causes sont profondes. Pour les détruire, il faut modifier les bases mêmes de la Société.

Ce sera l'œuvre du Prolétariat dont la puissance grandit de jour en jour sur tous les points civilisés du globe.

***

Depuis cent ans, la richesse publique a considérablement augmenté. La productivité du travail s'est accrue d'une façon étonnante. L'universalisation du bien-être, du loisir et du savoir est possible.

La Civilisation possède à cette heure les moyens de vaincre la misère.

L'alcoolisme est un mal actuellement guérissable.

Qu'a-t-on fait pour détruire le paupérisme ?

Rien.

Qu'a-t-on fait pour supprimer l'alcoolisme ?

Rien.

Le capitalisme a semé le goût des spiritueux dans toutes les classes de la Société, même chez les femmes où il était resté jusqu'alors à peu près inconnu. Il a rendu nécessaire — indispensable — à la classe travailleuse le plus dégradant et le plus abrutissant des vices.

Ah ! le capitalisme est bien coupable.

Il a déchargé la collectivité de l'organisation et de la direction des établissements de production. Il a jeté sur le monde un amas de richesse inconnu de l'antiquité et du moyen-âge. Il a décuplé les moyens de satisfaire nos besoins physiques et intellectuels.

Mais à quel prix ces bienfaits ont-ils été acquis?

Il a arraché à la terre l'élite de la population paysanne et l'a engouffrée dans d'infectes bastilles où les riches ne laissent pas pénétrer leurs chiens. Il a transformé en esclaves les ouvriers des villes. Il a épuisé, empoisonné et démoralisé les masses créatrices de la richesse.

N'est-ce-pas à lui que nous devons l'affaiblissement de notre musculature, la diminution de notre taille, la décroissance de notre fécondité et aussi les progrès d'une foule de maladies dont l'alcoolisme n'est pas la moindre ?

Les progrès de l'alcoolisme comme ceux de maintes maladies constitutionnelles accusent la cupidité sauvage, l'*auri sacra fames* des détenteurs de la terre et des instruments de travail.

Pour extraire de la classe prolétarienne plus qu'elle ne peut normalement donner, ils l'affaiblissent physiquement et moralement.

Dans le Travail, le producteur ne trouve plus qu'un geôlier et un bourreau : un geôlier le rivant au rocher de la misère, du vice et de la maladie ; un bourreau le déformant, le mutilant et le tuant.

Et cependant, le Travail n'est-il pas l'Émancipateur de l'Homme, le Rédempteur de l'Humanité ?

Un pareil état de choses ne se comprend pas. Il est immoral. Il est criminel.

Il faut travailler à le détruire.

Est-il une tâche plus noble et plus féconde ?

Nous ne le pensons pas.

Instruire le peuple sur les dangers qu'il encourt en livrant ses fils au Minotaure capitaliste est un devoir auquel nul pionnier du Progrès ne peut se soustraire.

Un aperçu des maux engendrés par l'abus de l'alcool peut-il, non seulement contribuer à l'éclairer sur ses véritables intérêts, mais aussi lui donner de ses droits, de ses devoirs et de sa mission historique une conscience plus nette ?

Ce n'est pas douteux.

Dès que le travailleur connaîtra la source des maladies qui l'accablent, débilitent ses enfants et préparent la dégénérescence de sa race, il s'empressera de la tarir.

L'exploitation de l'Homme par l'Homme aura vécu.

CHAPITRE PREMIER

LA PRODUCTION DE L'ALCOOL

I. Ce qu'est l'Alcool. — II. Sa Toxicité. — III. La Production de l'Alcool. — IV. Les Boissons fermentées et distillées. — V. La Falsification des Boissons alcooliques.

I

L'Alcool est un poison.
La Chimie.

L'alcool est un liquide incolore, volatil, d'une odeur agréable, d'une saveur forte et brûlante. Il se compose de 52,66 °/₀ de carbone, de 34,44 °/₀ d'oxygène et de 12,9 °/₀ d'hydrogène. Sa densité ou poids spécifique est de 0,7947. On ignore encore son point de solidification (1). Il entre en ébullition à 78°26.

On tire l'alcool d'un grand nombre de produits végétaux : raisin, pomme, poire, corme,

(1) Il est sûrement inférieur à — 90°

cerise, merise, prune, prunelle, pêche, mûre blanche, baie de sureau, betterave, canne à sucre, carotte, panais, navet, riz, maïs, blé, sarrasin, seigle, orge, avoine, millet, sorgho, carvi, haricot, pois, lentille, fève, gland, pomme de terre, topinambourg, etc.

L'alcool pur, anhydre, ne se trouve nulle part à l'état naturel. Pour l'obtenir, il faut le dégager des matières qui le contiennent, l'isoler des combinaisons ou mélanges dans lesquels il se trouve. Ce résultat ne peut être obtenu que par la distillation.

L'alcool se trouve mélangé à une quantité d'eau assez considérable — de 85 % à plus de 95 % — dans le vin, le cidre, le poiré, la bière (1).

C'est sous cette forme qu'il a été absorbé jusqu'au déclin du moyen-âge.

L'alcool anhydre est un produit moderne.

---

(1) Le vin contient de 7 o/o à 15 o/o d'alcool, le cidre de 2 o/o à 6 o/o, le poiré de 5 o/o à 10 o/o, la bière de 2 o/o à 8o /o. On trouve également — dans le vin : 3.1 o/o de matières albuminoïdes, grasses, sucrées, gommeuses et colorantes, de glycérine, de tartate de potasse, d'acides succinique, acétique, propionique, citrique, malique, carbonique, de chlorures, bromures, iodures, fluorures, de phosphates de potasse, soude, chaux et magnésie, d'oxyde de fer, etc.; — dans le cidre : 2.7 o/o de sucre, de glycérine, d'acides succinique, malique, de potasse, de phosphates, etc.; — dans la bière : 7 o/o de dextrine, de sucre, de houblon, de gluten, de graisse, d'albuminoïdes, de sels de chaux et potasse, de phosphates, de gomme, d'acides succinique, lactique, acétique, carbonique, etc.

Le premier alcool a été extrait du vin. Son origine remonte au douzième siècle.

L'alcool de grain est plus récent. Il date du seizième siècle.

L'alcool de betterave n'a guère qu'un siècle d'existence.

Aujourd'hui, l'alcool de vin, de cidre et de poiré tend à disparaître de la consommation au profit des alcools de grains, betteraves, mélasses, pommes de terre, etc. (1).

II

L'alcool, voilà l'ennemi !
D. D.

Tous les alcools sont nuisibles, mais tous ne le sont pas au même degré.

A préparation égale, les alcools provenant des grains, betteraves, pommes de terre, etc. sont plus toxiques que ceux obtenus pas la distillation

---

(1) En France, de 1840 à 1850, la production annuelle moyenne de l'alcool de vins, cidres, marcs, lies et fruits était de 815.000 hectolitres. Les mélasses fournissaient 40.000 hectolitres, les pommes de terre et les grains 38.000 hectolitres, les betteraves, 500 hectolitres. De 1870 à 1875, la production de l'alcool de vins, cidres, etc. n'était déjà plus que de 539.762 hectolitres. Les mélasses, en revanche, donnaient 582.443 h., les substances amylacées 108.483 h., les betteraves 313.771 h., etc. En 1896-1898, les vins, cidres, marcs, lies et fruits ne produisaient plus que 168.908 hectolitres d'alcool, tandis que les mélasses donnaient 768.837 h., les substances farineuses 528.244 h., les betteraves 746.701 h., etc. En un demi-siècle, la production de l'alcool de vins, cidres et fruits a décrû de 79 o/o; celle des alcools de mélasses, pommes de terre betteraves, etc. a augmenté de 2.572 o/o.

du vin, du poiré et du cidre. Le fait a été établi par les docteurs Dujardin-Beaumetz, Audigé, Laborde, Sérieux, Mathieu, Joffroy, Serveaux, etc.

Pourquoi cette différence de toxicité ?

Parce que les moûts de pommes de terre, betteraves, mélasses, etc., contiennent moins d'alcool éthylique que les boissons fermentées : vins, cidres, poirés, etc.

Sans doute, l'alcool éthylique domine dans toutes les fermentations, mais il est mélangé à une quantité assez variable d'alcools supérieurs — alcools butylique, propylique, amylique, etc. — qui en augmente plus ou moins la toxicité.

Pour tuer un animal pesant un kilogramme, il faut lui introduire dans le sang 7 grammes 7 d'alcool éthylique. 3 gr. 85 d'alcool propylique, 2 gr. 31 d'alcool butylique, 1 gr. 97 d'alcool amylique produisent le même résultat. On peut donc conclure que l'alcool amylique est quatre fois plus toxique que l'alcool éthylique.

L'alcool contient d'autres poisons non moins violents. Nous voulons parler des acides, éthers, aldéhydes, etc. 4 grammes d'éther tuent un kilogramme de matières vivantes. 1 gr. 2 d'aldéhyde acétique causent le même effet. L'aldéhyde pyromucique ou furfurol est bien plus toxique encore. Il suffit de 0 gr. 14 de ce poison pour tuer un kilogramme d'animal, de 8 à 10 grammes pour tuer un homme adulte.

Fait à noter, les alcools supérieurs et les impuretés n'augmentent que fort peu le degré de toxicité du breuvage qui les contient, car ils ne s'y trouvent jamais en proportions élevées. On rencontre rarement 4 grammes d'alcools butylique, propylique et amylique, d'éthers, d'aldéhydes, etc. par litre. Un litre de cognac à 50 degrés renferme généralement de 0 gr. 8 à 1 gr. d'alcools supérieurs, 0 gr. 4 à 0 gr. 6 d'éthers, 0 gr. 04 à 0 gr. 1 d'aldéhydes, 0 gr. 006 de furfurol, etc.

L'alcool de toute provenance et de toute composition est un poison au même titre que l'arsenic, la morphine, la strychnine, etc.

Ce n'est donc pas tel ou tel alcool qu'il faut proscrire de la consommation, c'est l'Alcool.

III

> Alors que la peste s'éloigne, alors que la guerre désarme, l'alcool nous perce toujours — et plus que jamais — de ses traits perfides.
>
> *D. D.*

Les Arabes du douzième siècle connaissaient l'art de faire de l'eau-de-vie. Cet art nous fut révélé au siècle suivant par Arnaud de Villeneuve.

Raymond Lulle s'appliqua à réduire à l'aide du carbonate de potasse la portion d'eau que contenait le nouveau liquide. Libavius trouva le moyen d'extraire de l'alcool des grains et fruits amylacés. Aujourd'hui, le nombre des végétaux servant à la fabrication de l'alcool est pour ainsi dire illimité. On a vu extraire de l'alcool des balayures et ordures des rues, des restes pourris de toute provenance, des rats morts, etc.

La production de l'alcool a pris une extension considérable dans la seconde moitié du dix-neuvième siècle.

En France, elle a presque doublé depuis 1870.

De 1840 à 1850, nous avons fabriqué annuellement, en moyenne, 891.500 hectolitres d'alcool pur. Notre production a atteint 815.000 h. en 1851-1855, 844.000 h. en 1856-1860, 1.234.000 h. en 1861-1865, 1.284.000 h. en 1866-1870, 1.659.000 h. en 1871-1875, 1.501.000 h. en 1876-1880, 1.880.000 h. en 1881-1885, 2.136.000 h. en 1886-1890, 2.288.000 h. en 1891-1895, 2.214.000 h. en 1896-1898.

Diverses boissons — le vin, le cidre, le poiré, la bière, etc. — contiennent naturellement une certaine quantité d'alcool.

Leur production s'est également accrue depuis

un demi-siècle dans de très fortes proportions.

On va en juger.

La production du vin était en 1835 de 26.496.000 hectolitres. Elle atteignait 27.719.000 h. en 1840, 45.266.000 h. en 1850, 23.345.000 h. en 1851-1855, 35.614.000 h. en 1856-1860, 47.563.000 h. en 1861-1865, 55.920.000 h. en 1866-1870, 57.951.000 h. en 1870-1875. Le philloxera l'a fait descendre à 40.464.000 hectolitres en 1876-1880, à 32.874.000 h. en 1881-1885, à 26.028.000 h. en 1886-1890, à 28.946.000 h. en 1891-1895, à 36.430.000 h. en en 1896-1898...

La quantité de cidre et de poiré fabriquée varie considérablement d'une année à l'autre. Elle a été de 16.181.000 hectolitres en 1850, 8.189.000 h. en 1851-1855, 7.460.000 h. en 1856-1860, 8.227.000 h. en 1861-1865, 12.297.000 h. en 1866-1870, 10.386.000 h. en 1871-1875, 9.104,000 h. en 1876-1880, 16.279.000 h. en 1881-1885, 9.262.000 h. en 1886-1890, 19.432.000 h. en 1891-1895, 8.500.000 h. en 1896-1898...

La production de la bière était de 3 millions et demi d'hectolitres en 1840. Elle s'est élevée à 4 millions d'h. en 1850, 6 millions d'h. en 1860, 7 millions d'h. en 1870, 7 millions et demi d'h. en 1880, 8 millions d'h. en 1890...

La France produit donc annuellement 6

millions et demi d'hectolitres d'alcool pur ; 3.643.000 h. restent dans le vin, 425.000 h. dans le cidre et le poiré, 240.000 h. dans la bière ; plus de 2 millions d'h. entrent dans la composition des boissons distillées.

IV

Il n'est point de boissons enivrantes inoffensives.

D. D.

Toutes les boissons enivrantes — fermentées ou distillées — ont un élément commun : l'alcool.

Dans les boissons fermentées, la quantité d'alcool ne dépasse jamais une certaine proportion : — 15 % pour le vin, par exemple.

Dans les boissons distillées, au contraire, la proportion d'alcool n'est pas limitée. Certaines absinthes contiennent 80 % d'alcool.

Les boissons fermentées ont été connues des anciens. Tous les peuples — à de rares exceptions près — ont les leurs.

Les boissons distillées sont modernes. Le civilisé est seul à les fabriquer.

Citons, parmi les boissons fermentées: le *vin* ou jus du raisin, le *cidre* ou jus de la pomme, le *poiré* ou jus de la poire, le *cormé* ou jus de la corme, le *lakmi* ou vin de palme, le *tari* ou *soury* tiré du palmier et du cocotier, le *koumys* extrait du lait de jument, le *pulque* ou *poulcre* produit par la sève des tiges de l'agave, la *yolatole* et le *chicha* fabriqués avec l'épi du maïs, le *cassiry* également tiré du maïs, le *piwari* fait avec la cassave, le *cachiri* extrait de la racine de manioc et de la patate, le *tolonadi* tiré du cocotier, le *paya* composé avec la cassave et la patate, le *ouïcou* fabriqué avec le manioc, la banane, la patate et la canne à sucre, la *bière* tirée de l'orge et du houblon, le *sacki* fabriqué avec le riz, la *sapinette* extraite des sommités et des branches de sapin noir, le *pito* composé avec le maïs, l'*hydromel* fait de miel et d'eau, le *mett* ou miel fermenté, etc.

Les boissons distillées les plus répandues sont: l'*eau-de-vie*, alcool aqueux qui porte les noms de: *cognac* s'il est extrait du vin, *calvados* s'il est tiré du cidre ou du poiré, *whiskey* s'il est fourni par la pomme de terre, l'avoine ou la drèche, *kirsch* s'il provient des jus et noyau de la cerise et de la merise, *couetche* s'il a été fabriqué avec la prune, *rhum* s'il est tiré de la mélasse de canne à sucre, *tafia* s'il provient de l'écume et du sirop de canne à sucre, *rack* ou *arack* s'il est extrait du koumys, du riz ou de la sève de cocotier, etc., le *genièvre* ou *gin* fait avec l'eau-de vie et les baies de genièvre, le *cassis* fabriqué avec l'eau-de-vie et le cassis, le *ratafia* préparé avec l'eau-de-vie, le cassis, la framboise et la cerise, le *curaçao* fait avec l'eau-de-vie et les zestes de certaines oranges, la *menthe* fabriquée avec l'eau-de-vie et la menthe poivrée, *l'anisette* composée d'eau-de-vie, de sucre et d'essence d'anis, l'*absinthe* faite avec l'eau-de-vie et les sommités de l'absinthe, le *bitter* ou *amer* formé d'eau-de-vie et d'essences amères, la *prunelle* faite avec la prunelle, le *marasquin* fabriqué avec la prune et la pêche, le *kummel* extrait de la graine de carvi, les *vins liquoreux* (*madère porto, malaga*... artificiels) faits avec de l'eau-de-vie, de la glucose et des essences, le *vermout* préparé avec du vin blanc, de l'absinthe et des substances amères, etc.

A cette liste déjà longue, quoique fort incomplète encore, il manque les *vins médicinaux*, les *élixirs stomacaux*, la *chartreuse*, la *bénédictine*, la *trappistine*, etc.

Autant de boissons, autant de poisons.

V

> Les falsificateurs des denrées alimentaires sont en train de réaliser le rêve des pessimistes : « la destruction du Genre humain par la Science. » Ne devons-nous pas nous opposer de toutes nos forces à l'accomplissement d'une œuvre aussi criminelle ?
>
> D. D.

A notre époque de concurrence effrénée, il faut produire à bas prix. Quiconque n'y parvient pas est éliminé du marché.

Les boissons artificielles abondent parce que leur prix de revient est faible. Ceux qui les vendent font aux boissons naturelles une concurrence déloyale.

La santé publique en souffre.

Le peuple ne peut se procurer les « grands » vins, le « premier » cidre, la bière « supérieure » le cognac « authentique », etc.

Il lui faut des boissons moins chères.

On lui en fournit.

Que sont, en réalité, ces breuvages ?

Avec quels produits les fabrique-t-on ?

Quels poisons les aromatisent ?

Mystère et commerce !

Toutes les liqueurs alcooliques sont l'objet de falsifications nombreuses.

Ces falsifications, la grande masse du public les ignore.

C'est infiniment regrettable.

Il n'entre ni dans nos intentions ni dans nos moyens d'en faire une énumération.

Passons en revue les principales, celles qui, de l'avis du corps médical, sont les plus nuisibles à la santé.

« On a additionné les eaux-de-vie de poivre, de piment, de gingembre, d'ivraie, pour leur donner plus de montant, dit le docteur A. Riant ; d'acide sulfurique ou de laurier-cerise, pour leur communiquer un arome plus accusé, de sels de plomb pour les clarifier, etc. L'absinthe a été colorée par des sels de cuivre. Des liqueurs ont été préparées avec des alcools altérés ou falsifiés, déguisés par des essences très dangereuses avec lesquelles on les aromatise. On est parvenu à faire de l'esprit de bois à odeur très faible, et que l'industrie ajoute aux alcools destinés à la consommation. « La plupart des vermouts, livrés
» à bas prix, sont composés de façon à masquer
» le goût détestable des vins et des plantes de
» mauvaise qualité qui servent à fabriquer ces
» boissons. Dans ce but, une industrie coupable
» fait souvent entrer dans ces vermouts des
» liqueurs acides ou minérales. Le bitter est

» souvent fabriqué avec des plantes avariées et » des alcools de mauvaise qualité dont on cher- » che en général à masquer le goût par des » acides. » (Decaisne.) Enfin, l'industrie a fait de l'alcool avec toutes sortes de substances, que l'on ne s'attendait guère à voir affectées à cet usage. Témoin une recette fort employée, dit-on, pour fabriquer du rhum, et que nous ne donnons que pour montrer jusqu'où on peut pousser l'effronterie dans cette voie. On le fabriquerait avec les ingrédients suivants : cuir neuf râpé, 2 kilogrammes, écorse de chêne pilée 500 gr., clous de girofle 15 gr., goudron, 15 gr., alcool de mélasse 180 litres. C'est, on le voit, un rhum suffisamment artificiel ! Il est bien probable pourtant que sur l'étiquette il est indiqué comme vieux rhum à la Jamaïque !

« Le commerce vend du vin composé d'une quantité d'eau énorme ; on cherche à dissimuler ce mouillage par l'addition d'alcool et de matière colorante, (baies de sureau, rose trémière, bois de campêche, fuchsine, etc.) On vend du vin mélangé de cidre, de poiré. On adoucit des vins avec de la litharge, sel de plomb qui est un poison des plus actifs. D'autres vins, trop peu riches en alcool, et difficiles à conserver, sont additionnés, pendant la fermentation à la cuve, de glucose ou sucre de fécule, destiné à augmenter la proportion d'alcool. On a ajouté du plâtre au vin, pour en rendre la conservation ou le transport plus facile. Enfin, on fabrique du vin artificiel, de toutes pièces, avec de l'alcool, de l'eau, de la matière colorante (bois d'Inde, cochenille, pétales de coquelicot, etc.), par simple macération. »

Le vin rouge est parfois transformé en vin blanc. On le décolore au moyen du permanganèse de potasse.

Les « vignerons » de Bercy fabriquent un vin blanc avec de l'eau, de l'alcool d'industrie, de la crème tartrée soluble, du tanin et de la glycérine.

Les falsifications de la bière sont innombrables. Les substances végétales et minérales les plus toxiques y abondent.

« Pour la rendre plus amère, dit Larousse, on l'additionne de strychnine, d'aloès, de noix vomique, de gentiane, de quassia-amara, de pyrethre, de centaurée, d'absinthe, etc. ; pour lui donner une couleur plus foncée, on a employé le suc de réglisse, la chicorée torréfiée, le caramel, les baies de sureau, etc. A ces falsifications, nous ajouterons : l'eau, pour augmenter la quantité, les pommes de terre ou tout autre amylacée, pour remplacer le grain ; une addition de craie pour la désaciduler, de potasse pour la rendre mousseuse, ou de chlorure de sodium pour rendre sa saveur plus piquante. Enfin, on n'a pas craint de sophistiquer la bière avec des substances plus dangereuses encore que quelques-unes de celles que nous venons de citer : avec l'opium, la belladone, la jusquiame et l'acide picrique ou carbazotique, l'un de nos plus violents poisons. Ces fraudes ont été souvent la cause des plus graves accidents toxiques. »

Nous le croyons sans peine.

Certaines bières contiennent d'autres poisons: litharge, sulfate de cuivre, etc.

« De nombreux cas d'empoisonnement, dit Riant, ce sont produits à la suite de l'usage de bière dont les acides avaient attaqué et dissous le plomb des tuyaux ou des ustensiles servant à la fabrication. »

Le cidre et le poiré sont également l'objet de nombreuses falsifications (mouillage, sucrage, etc.)

On fait aussi du cidre sans pommes et du poiré sans poires. On convertit même le cidre en vin.

Ce n'est pas sans raison que Lafargue a qualifié notre époque d'« âge de la falsification. »

La Bourgeoisie impose l'usage des boissons

alcooliques au Prolétariat. Pour le mieux opprimer et exploiter, elle le démoralise, le débilite et l'empoisonne.

Un tel état de choses ne saurait durer sans danger pour la Civilisation et l'Humanité.

L'avènement du Socialisme est devenu nécessaire.

CHAPITRE II.

LA CONSOMMATION DE L'ALCOOL

I. La Consommation de l'Alcool. — II. Les Effets de l'Alcool sur l'Organisme. — III. L'Alcool et la Nourriture. — IV. L'Alcool et le Logement. — V. L'Alcool dans les Villes. — VI. L'Alcool chez les Bourgeois. — VII. L'Alcool chez les Prolétaires.

I

Foyer d'exploitation, foyer d'alcoolisation.

D. D.

La consommation de l'alcool a suivi une progression rapide au cours du dix-neuvième siècle.

En France, pendant la période 1788-1898, elle a passé de 168.857 hectolitres à 1.799.493 hectolitres, soit de 0 litre 67 à 4 litres 72 par habitant de tout âge.

La quantité d'alcool soumise à l'impôt a crû de 208 % de 1850 à 1898. Elle était de 585.200 hectolitres en 1850, 646.496 h. en 1851-1855, 822.426 h. en 1856-1860, 860.802 h. en 1861-1865, 953.309 h. en 1866-1870, 938.556 h. en 1871-1875,

1.121.171 h. en 1876-1880, 1.456.289 h. en 1881-1885, 1.507.141 h. en 1886-1890, 1.627.071 h. en 1891-1895, 1.674.786 h. en 1896-1898... Chaque habitant de tout âge a donc consommé, en moyenne, 1 litre 46 d'alcool pur en 1850, 1 l. 81 en 1851-1855, 2 l. 26 en 1856-1860, 2 l. 3 en 1861-1865, 2 l. 5 en 1866-1870, 2 l. 6 en 1871-1875, 3 l. 07 en 1876-1880, 3 l. 91 en 1881-1885, 3 l. 92 en 1886-1890, 4 l. 27 en 1891-1895, 4 l. 46 en 1896-1898...

Ces chiffres fournis par la régie ne comprennent que l'alcool soumis au droit général de consommation.

La quantité d'alcool fabriqué clandestinement est inconnue. A combien s'élève la consommation des bouilleurs de cru dont le nombre dépasse à l'heure actuelle 800.000 ? A 500.000 hectolitres, disent les uns ; à 600.000 hectolitres, disent les autres.

Il se consomme donc en France, chaque année, plus de 5 litres d'alcool pur par habitant de tout âge (1).

La France n'est pas le seul pays qui se rue sur les boissons distillées.

La consommation moyenne d'alcool pur par

(1) Le vin, le cidre, la bière, etc. renferment également une certaine quantité d'alcool. Chaque Français consomme annuellement, en moyenne : 111 litres de vin, 33 l. de cidre et 24 l. de bière. Sa consommation d'alcool peut donc être portée de 5 l. à plus de 18 litres.

habitant était, en 1896, de 7 litres 67 en Danemark, 6 l. en Hongrie, 4 l. 4 en Allemagne, 4 l. 35 en Hollande, 4 l. 3 en Belgique, 4 l. 19 en France, 3 l. 6 en Suède, 2 l. 32 en Russie, 2 l. 3 en Angleterre, 2 l. 27 aux Etats-Unis, 1 l. 75 en Norvège, 0 l. 5 en Italie, 0 l. 2 en Portugal, etc.

L'Europe est la partie du monde qui boit le plus de spiritueux. Le principal foyer de l'alcoolisme est l'Europe centrale. Chaque Européen consomme, en moyenne, 3 litres 12 d'alcool absolu par an. Les Danois, Austro-Hongrois, Allemands, Hollandais, Belges, Français et Suisses en absorbent 4 litres 79. Aucun autre peuple ne fait pareille consommation d'alcool.

II

L'alcool est un anesthésique.
La Chimie

Arnaud de Villeneuve dit dans son *Traité de la conservation de la jeunesse* (1309) que le nom d'eau-de-vie convient à la liqueur alors appelée esprit-de-vin « parce qu'elle prolonge la vie. »

Nous savons à présent que l'eau-de-vie est une eau de mort.

Elle a exterminé des peuplades entières en Océanie et en Amérique. Aujourd'hui encore, elle décime les populations sauvages des Deux-

Mondes, détruit la fécondité du civilisé et prépare sa dégénération.

L'erreur d'Arnaud de Villeneuve n'est pas morte. Des millions d'hommes la partagent toujours.

Nombreux sont encore ceux qui voient dans l'alcool un réchauffant, un aliment, un fortifiant, un excitant.

Un réchauffant ! L'alcool refroidit.

Un aliment ! L'alcool ne nourrit pas.

Un fortifiant ! L'alcool affaiblit.

Un excitant ! L'alcool est un paralysant physique et intellectuel.

L'alcool ne produit aucun des effets qu'en attendent ceux qui le consomment.

L'homme qui croit se réchauffer, se nourrir, se fortifier, s'exciter en buvant de l'alcool est victime d'illusions.

Ces illusions, les récents travaux des docteurs Bunge, Forel, Manquat, Destrée, Schmiedeberg, Jacquet, Krœpelin, Smith, Richardson, Sée, Proust, etc., les ont dissipées.

« Le peintre boit de l'alcool pour combattre la colique de plomb, dit E. Vandervelde dans son étude sur le *Parti ouvrier et l'Alcool* (1898). Le terrassier, l'ardoisier, le briquetier, le débardeur, tous les ouvriers, en un mot, qui travaillent en plein air, boivent pour se réchauffer, pour mieux résister à la neige, à la pluie ou à la froidure. Le tapissier, le houilleur, tous ceux qui travaillent dans des locaux fermés et malsains boivent pour se débarrasser des poussières, pour se nettoyer le gosier. Tous boivent quand ils sont fatigués, quand ils ont besoin de se donner des forces, quand ils éprouvent une indisposition ou une faiblesse quelconque. Autant de motifs, autant d'erreurs, et d'erreurs d'autant plus dangereuses, que les effets réels et durables, produits par l'alcool, sont exactement les contraires de ses effets apparents et momentanés. L'alcool ne sert à rien pour empêcher les houilleurs de cracher noir, pour aider les tapissiers à cracher les poussières qu'ils avalent ou pour protéger les peintres contre la colique de plomb. Bien au contraire, étant donné que le plomb et l'alcool agissent tous deux d'une manière très pernicieuse sur les mêmes organes — spécialement sur le foie et sur le rein — leurs mauvais effets s'additionnent, et, dans les hôpitaux, il est souvent fort difficile de distinguer nettement l'alcoolisme du saturnisme, l'empoisonnement par l'alcool de l'empoisonnement par le plomb.»

L'alcool ne peut donc guérir les maladies professionnelles (asthme, saturnisme, etc.) qui déciment les masses laborieuses de nos cités industrielles.

Est-il un préservatif contre le froid ou la chaleur ?

Non.

L'alcool diminue le degré de résistance de l'homme aux températures extrêmes.

Il agit de concert avec le froid pour soustraire à l'organisme une partie de sa chaleur. Il est impuissant à le protéger contre les effets d'une chaleur trop élevée.

L'alcool ne réchauffe pas.

« Tout le monde s'en va répétant que l'alcool réchauffe, disent les docteurs Sérieux et Mathieu. Or c'est là une supposition toute gratuite, et le contraire est précisément la vérité. A quoi donc tient cette illusion provoquée par l'usage de l'alcool ? D'abord à une erreur grossière qui nous fait considérer comme une sensation de chaleur ressentie à l'épigastre l'action caustique de l'alcool plus ou moins concentré sur la muqueuse de l'estomac. Il est évidemment inutile d'insister sur une méprise aussi patente. Le préjugé auquel nous faisons allusion est encore renforcé par une autre interprétation erronée des effets de l'ingestion de l'alcool. La physiologie démontre que l'alcool amène la dilatation des vaisseaux sanguins artériels de la peau, en paralysant les nerfs qui président à la contraction permanente de ces vaisseaux (paralysie des nerfs vaso-moteurs). Cette dilatation est naturellement suivie du afflux considérable du sang à la périphérie : le facies congestionné des grands buveurs en témoigne. La peau, soumise à des pertes de chaleur continuelles par son contact avec l'air ambiant, se trouve subitement irriguée et réchauffée par le sang provenant de l'intérieur du corps : d'où la sensation de chaleur. Mais, en réalité, le résultat de l'ingestion de l'alcool a été une perte de chaleur, puisqu'une grande quantité de sang est allée se refroidir dans les vaisseaux de la peau. Cette déperdition de calorique est d'ailleurs clairement marquée par un abaissement notable du thermomètre. »

« Les boissons alcooliques permettent-elles de mieux supporter le froid ? se demande également le docteur Riant. Les guides de Chamounix et de l'Oberland savent très bien que les liqueurs ne seraient qu'un danger de plus dans leurs marches d'hiver dans les montagnes. Il en est de même pour les baigneurs de nos plages du Nord, qui restent de longues heures, presque immobiles, dans l'eau. Ils s'abstiennent d'eau-de-vie qui ne les réchauffe pas et les rend malades. Dans les voyages au pôle, l'expérience a depuis longtemps condamné et fait proscrire l'alcool (1). Les boissons alcooliques ne sont pas plus propres à diminuer les inconvénients d'une chaleur excessive. Tous les médecins qui exercent aux Indes, à Bornéo, au Brésil, au Sénégal, en Algérie, à la Nouvelle-Orléans, etc., sont d'accord pour reconnaître que l'alcool n'a que de désastreux effets dans les climats chauds. L'abus de ces boissons est une des causes qui exposent le plus les nouveaux arrivés à l'action des maladies régnantes, dyssenterie, fièvre jaune, etc. »

L'alcool ne nourrit pas. On ne peut le considérer comme un aliment, même comme un aliment d'épargne.

« L'alcool ne peut être considéré comme un véritable aliment, disent Sérieux et Mathieu. D'une part, en effet, il n'est pas démontré que les éléments de notre corps puissent l'utiliser comme tel ; d'autre part, tout ce qui n'est pas immédiatement transformé par nos tissus et humeurs va se mettre en contact avec les éléments actifs, vitaux de nos organes, contact

(1) « Les plus hardis et les plus savants explorateurs des régions polaires, M. Nordenskjold, M. Nansen, par exemple, n'emportent plus de boissons alcooliques parmi leurs provisions. Ce qu'il faut aux voyageurs soumis à des froids rigoureux, ce n'est point de l'alcool, ce n'est point un narcotique qui endorme les sensations de froid et de fatigue et donne l'illusion d'un fortifiant, ce sont des matières grasses et sucrées. » P. SÉRIEUX et F. MATHIEU, *L'Alcool.*

dont la prolongation ou la répétition ne sont rien moins qu'indifférentes puisqu'il en résulte les maladies graves dont nous allons bientôt parler. L'alcool est donc surtout un poison. Il intoxique en empêchant les globules du sang, véhicules de l'oxygène, autrement dit de l'agent de la combustion, de mettre cet oxygène en rapport avec les aliments dynamogènes ou calorigènes, c'est-à-dire le combustible (Schmiedeberg et Bouwetsch). Il intoxique en altérant dans leur constitution les éléments nobles du cerveau, des nerfs, du foie, de l'appareil digestif, etc. Il peut aussi tuer rapidement en détruisant ceux de ces éléments qui régissent le jeu de notre organisme tout entier. Enfin, on prête gratuitement à l'alcool, dans les milieux les plus éclairés, un avantage où, nous, nous ne devons voir qu'un leurre. On a prétendu et répété à satiété que si l'alcool n'était pas un aliment proprement dit, il était, à petites doses, un aliment d'épargne, et comme tel, non sans utilité « en modérant la dénutrition, » en enrayant temporairement l'usure incessante » et physiologique de nos tissus corporels. » Des recherches les plus modernes il est au contraire permis de conclure que l'action d'épargne attribuée à l'alcool en particulier n'est autre chose qu'un véritable empoisonnement du protoplasma, c'est-à-dire de la matière vivante (Manquat). En effet, si par son action sur les globules rouges du sang et sur les cellules composant nos tissus, l'alcool ralentit les combustions organiques et la désassimilation permettant ainsi à la graisse de s'accumuler dans les tissus, il porte, par là même, atteinte à la constitution des éléments précisément chargés d'utiliser les substances nutritives. En d'autres termes, il ménage le combustible, mais il met la machine hors de service.

« L'alcool arrête la digestion en détruisant dans l'estomac et dans l'intestin les sucs nécessaires à cette fonction. Son action ne s'arrête pas là : il produit encore une violente inflammation des voies digestives, comparable à celle qu'amènent les poisons irritants et corrosifs. A l'autopsie d'un individu foudroyé par l'eau-de-vie ou tué en état d'ivresse, au cours d'une rixe, on trouve l'estomac et l'intestin d'un rouge vif, tellement irrités même qu'ils sont tout semés d'ecchymoses et d'hémorragies. Lorsque, comme il est de règle, de pareilles hémorragies se produisent dans le cerveau, la mort ne tarde pas à arriver. Si l'excès passager n'est pas allé jusqu'à l'intoxication mortelle, on assiste fréquemment, un ou deux jours après que l'ivresse s'est dissipée, aux symptômes d'un embarras gastrique intense, qui n'est autre chose qu'une forme atténuée de l'inflammation suraiguë. Que devient le tube des buveurs d'habitude, de ceux, si nombreux, qui ne vont jamais jusqu'à l'ivresse confirmée et s'empoisonnent à petite journée, chez eux ou au cabaret ? L'action irritante de l'alcool, pour être dans ce cas moins intense que tout à l'heure, n'en aboutira pas moins avec le temps : 1° A la perversion du goût (Bunge). La sensibilité gustative est émoussée par l'action quasi caustique de l'alcool : le buveur perd, avec l'acuité du goût, l'appétence pour les matières sucrées, appétence physiologique, comme on le voit chez les enfants dont la sensibilité gustative est intacte. Or l'importance biologique de ce goût pour les substances sucrées est considérable, puisque le sucre est la source de la force musculaire ; 2° A la dilatation de l'estomac (habituelle chez les buveurs de bière, de cidre et de vin), ou bien, au contraire, chez les buveurs d'eau-de-vie, au recroquevillement de cet organe ; 3° A la transformation de ce dernier en un tissu dur, coriace, incapable d'élaborer les sucs nécessaires à la digestion (gastrite chronique) ; 4° A des ulcérations des voies digestives, ulcérations qui traduisent l'effet corrosif du poison ; 5° Chez les personnes plus résistantes ou plus modérées, à une dyspeptie tenace dont les signes les plus saillants sont : la lenteur des digestions, les vomissements, ou les nausées, la pituite matinale, la perte de l'appétit, etc. On peut poser en principe que tout individu faisant un usage quotidien — même modéré — des boissons alcooliques est ou dyspeptique ou candidat à la dyspeptie. Or, trop souvent, une dyspeptie un peu ancienne ouvre la porte à toutes les maladies infectueuses, à la tuberculose et à la fièvre typhoïde entre autres. Nous n'insisterons pas sur l'état de la gorge des buveurs d'habitude. Il n'est pas de chanteur, professionnel ou amateur, pas d'orateur, qui ne sache parfaitement à quoi s'en tenir sur ce chapitre. Comme les gens sous le coup d'excès alcooliques accidentels, les buveurs invétérés ont fréquemment un timbre de voix qui révèle l'inflammation, chez eux chronique, de la gorge et de l'appareil vocal. Lorsque l'on absorbe de l'alcool sous une quelconque de ses formes, une partie — d'ailleurs très minime — en est décomposée, détruite, par les sucs digestifs : tout le reste se rend directement au foie. On conçoit donc que cet organe soit si souvent touché par le poison. Il peut lui aussi subir une sorte de durcissement, de racornissement : ses éléments actifs disparaissent, étouffés, et les importantes fonctions qui leur sont dévolues sont supprimées (cirrhose alcoolique). Véhiculé par le sang, l'alcool se porte vers les méninges et le cerveau, vers la moelle et vers les nerfs. Son influence néfaste sur ces organes explique les désordres plus ou moins passagers de la volonté, de l'intelligence, de l'activité consciente. Elle peut même, dans certaines conditions, aller jusqu'à la désorganisation complète et irréparable des fonctions cérébrales. Nous n'entrerons pas dans le détail des troubles permanents, tant cérébraux que nerveux, qui traduisent ces lésions destructives, nous contentant de citer : le délire alcoolique avec ses redoutables complications (delirium tremens fébrile), les névroses voisines de l'hystérie et de l'épilepsie, l'alcoolisme chronique, la paralysie des membres, enfin la démen ce alcoolique et la paralysie générale, ce triste privilège des milieux civilisés. Signalons rapidement l'action nocive de l'alcool sur les vaisseaux artériels (athérome et ses conséquences habitu elles : le ramollissement cérébral, etc.), sur le cœur (état graisseux), sur les reins (sclérose et dégénérescense graisseuse), sur les poumons. L'alcool peut encore s'attaquer aux sens. »

L'alcool ne fortifie pas. Il affaiblit.

« Au lieu de donner des forces, dit Vandervelde,

l'alcool exerce une influence pernicieuse, déprimante sur l'activité musculaire. Rien de plus instructif, à cet égard, que les expériences du docteur Destrée. Elles démontrent en effet — confirmant et rectifiant un grand nombre de travaux antérieurs, — que si l'alcool est un moyen factice de supprimer la sensation de la fatigue, son action est fugace, passagère et finalement nuisible : les effets paralysants sur le système nerveux surgissent rapidement, et avec une intensité telle, qu'aucun bénéfice momentané ne peut les compenser. « On admet généralement, » dit le docteur Bunge, que l'alcool fortifie le » corps fatigué, et le rend apte à un nouveau » travail et à de nouveaux efforts. Le sentiment » de fatigue est comme la soupape de sûreté de » notre machine. Celui qui endort cette sensation, » pour continuer à travailler, ressemble à un » mécanicien qui condamnerait la soupape, afin » de pouvoir surchauffer sa machine. Le préjugé » de l'action fortifiante de l'alcool sur l'homme » fatigué est surtout fatal à la classe des travail- » leurs. »

L'alcool n'active pas les fonctions intellectuelles. Il les paralyse.

« Tous les expérimentateurs modernes, en effet, dit l'auteur précité, tendent à admettre que l'alcool, même à faibles doses, exerce une action paralysante sur les fonctions intellectuelles. Seulement, cette paralysie commence par les centres les plus élevés, pour n'atteindre que progressivement les centres les plus anciens dans l'évolution. Ce sont les facultés les plus hautes qui disparaissent les premières, c'est le jugement et la réflexion qui se paralysent, et, comme le dit Schmiedeberg : « Le soldat devient » plus courageux parce qu'il s'occupe moins des » dangers et réfléchit moins sur lui-même. » L'orateur ne se laisse pas émouvoir et impres- » sionner par le public, et parle donc avec plus » de liberté et d'enthousiasme. » Mais en réalité, si les centres inférieurs fonctionnent plus librement, c'est parce que les centres supérieurs, paralysés, ne leur servent plus de frein. »

« Pour Kræpelin, Richardson, Bunge, Forel, autorités indiscutables est la matière, disent les auteurs de l'*Alcool*, l'excitation apparente provoquée par l'alcool dans le domaine psychique n'est autre chose qu'un symptôme de paralysie. Si, par exemple, après quelques rasades, le buveur devient plus communicatif et se répand en confidences, n'est-ce pas un indice de l'amoindrissement de ses facultés de critique et de contrôle ? De même, d'où vient au buveur sa confiance en lui-même, sa hardiesse, sinon encore de cette diminution de la critique ? « Plus » l'homme, dit Bunge, perd la faculté de se juger, » plus sa suffisance augmente. » Et cette gaieté tant vantée du premier degré de l'ivresse, n'est-ce pas chose purement artificielle et due à l'oubli momentané des soucis et des misères qui réapparaîtront avec toute leur intensité une fois les fumées du vin dissipées ? Quant à la suractivité motrice, aux gesticulations de l'homme alcoolisé, qu'est-ce, sinon le résultat d'une agitation plus ou moins automatique que la volonté, réduite à l'impuissance, ne vient plus diriger ? C'est encore cette même paralysie de la volonté qui explique le rôle de l'alcool comme agent provocateur d'actes impulsifs, d'instincts malfaisants. « La légère stimulation du début, dit M. Forel, « ne se rapporte qu'aux fonctions motrices; il » ne s'agit même pas d'une augmentation réelle » de la force des mouvements des muscles, mais » seulement d'une accélération de leur innervation. Les fonctions intellectuelles pures, telles » que la perception, la conception des idées, leur » association et le travail intellectuel de combinaison sont ralenties et entravées dès l'abord, » même par les plus petites doses d'alcool. Il en » est de même des sensations. Les associations

» extérieures d'idées (associations de mots, » d'objets perçus, etc.) sont augmentées aux » dépens des associations intérieures (associations » logiques et profondes). L'allégement de l'inner- » vation motrice est la cause de l'illusion de la » force et de toutes les impulsions inconsidérées, » inutiles et brutales commises par les gens » ivres. La modification dans l'association des » idées explique la platitude de la conversa- » tion, les répétitions inutiles de banalités trivi- » ales, les allitérations, les plaisanteries stupides » observées à tous les degrés de l'ivresse. »

Ainsi donc, de l'avis des plus éminents physiologistes de notre époque, l'alcool n'exerce aucun effet salutaire sur l'organisme.

Cette constatation a son prix.

III

> L'avenir est aux races qui ne sacrifient pas leur corps.
>
> *École de Salerne.*

Le vin, le cidre et la bière sont de beaucoup les meilleures boissons alcooliques, celles qui peuvent être consommées avec le moins de danger.

Sans doute, l'eau leur est bien supérieure, mais peut-elle devenir actuellement la boisson ordinaire de l'homme du peuple ?

Pour que l'eau puisse jouer un grand rôle dans l'alimentation, des temps plus cléments sont nécessaires ; une société nouvelle assurant à chaque homme plus de loisirs et de bien-être est indispensable.

Allégez la tâche quotidienne du producteur, assurez-lui une alimentation saine et suffisante. A ce prix là seulement, il pourra se désaltérer avec de l'eau.

L'eau est bonne lorsqu'elle est pure. Mais une eau pure est chose assez rare à présent. Elle manque parfois aux paysans. Nombre de citadins en sont privés. Ce qui coule dans la plupart des rivières traversant les contrées industrielles, ce n'est pas de l'eau, c'est une vase sans nom : noirâtre, bleuâtre ou verdâtre selon la nature des poisons qu'elle contient. Des légions de microbes pathogènes y séjournent. Malheur à qui doit en user pour étancher sa soif !

L'usage modéré du vin, du cidre et de la bière se comprend donc. La fatigue imposée à l'homme du peuple l'explique et le justifie jusqu'à un certain point.

Si le travail était universalisé, il serait moins

pénible, moins épuisant, moins destructeur de l'organisme.

Si la richesse était répartie entre tous ceux qui la produisent, l'aisance serait générale.

Toute inégalité sociale est mauvaise. L'existence des classes parasites est un fléau pour toute l'Humanité.

La Bourgeoisie, en consommant sans produire, aggrave les lois de la Nature, impose aux prolétaires un labeur et des privations qu'ils devraient ignorer.

Il faut à l'homme des loisirs et du repos. Le surmenage débilite.

Il faut à l'homme une nourriture substantielle saine et abondante. Une alimentation mauvaise ou insuffisante affaiblit.

Peut-il en être autrement ?

Les journées de labeur sont d'autant plus productives qu'elles sont courtes (1).

Le travailleur est d'autant plus habile qu'il se nourrit mieux.

L'avenir est aux peuples qui auront l'alimentation la plus substantielle (2).

---

(1) Tout travail journalier d'une durée supérieure à huit heures est un travail de *malade*.

(2) Le Russe dépense, en moyenne, pour se nourrir 115 francs par an, l'Italien 120 fr., l'Espagnol 165 fr., l'Allemand 210 fr., le Français 235 fr., l'Anglais 240 fr. Le travail d'un Anglais est deux fois plus productif que le travail d'un Russe. Ce dernier fait une « économie » annuelle de 125 francs sur sa nourriture ; il perd au cours de la même période 2020 fr. sur son travail.

Faut-il s'en étonner ?

L'homme n'est-il pas un produit du milieu dans lequel il vit, le fruit de sa propre nourriture ? Le consommateur de manioc ne vaudra jamais le consommateur de sorgho. Le mangeur de riz ne vaudra jamais le mangeur de blé. La viande est devenue une nécessité pour les peuples qui marchent à la tête de la Civilisation.

« La terre fait l'homme, dit le docteur Saffray dans son *Histoire de la Terre* (1885). C'est pour cela que l'on a dit plaisamment : « Dis-moi ce » que tu manges, et je te dirai ce que tu es. » Il existe, en effet, une relation intime entre les produits de la terre, la constitution, le tempérament, les mœurs des habitants. Si l'homme a choisi les céréales pour base de l'alimentation partout où leur culture est possible, c'est qu'il a reconnu par expérience, comme la chimie démontre aujourd'hui, que la plupart de ces plantes donnent des graines qui, à la rigueur, constituent un aliment complet dans les climats tempérés, si de grandes fatigues n'exigent pas une réparation exceptionnelle. »

Là où l'homme doit fournir une somme de travail fort élevée, la viande seconde le blé.

L'Italie, contrée misérable, dispose de peu de viande et de peu de pain. La consommation annuelle de la viande n'y est que de 10 kilogrammes par habitant, soit 27 grammes par jour. Celle du pain n'y dépasse pas 177 kilogrammes ou 485 gr. par jour. Pour l'Autriche-Hongrie et la Russie, les moyennes sont également très faibles. L'Autro-Hongrois consomme 14 k. de viande et 242 k. de pain, le Russe 19 k. de viande et 241 k. de pain. L'Allemagne assure annuellement à chacun de ses enfants 29 k. de viande et 224 k. de pain. En France, la consommation de la viande atteint 33 k. par habitant et celle du pain 240 k. En Angleterre et aux Etats-Unis, pays de hauts salaires et de courtes journées de travail, la viande tient dans l'alimentation publique une place plus grande encore. Les Iles Britanniques consomment annuellement 48 k. de viande et 170 k. de pain seulement par tête de population. Aux Etats-Unis, la quantité de viande consommée par habitant s'élève à 65 k. par an, celle du pain descend à 161 k.

L'Angleterre compte aujourd'hui parmi les rares nations industrielles qui se détachent des spiritueux.

Pourquoi ? Parce que le travail y devient moins pénible, le salaire plus élevé, le logement plus sain, la nourriture plus abondante et plus relevée.

Les Etats-Unis luttent avec ardeur pour se soustraire au joug de l'Alcool.

Pourquoi ? N'est-ce pas parce que là aussi l'existence du prolétaire s'est améliorée ?

Une bonne alimentation éloigne de l'alcool.

Là où elle n'en proscrit pas l'usage — chez les privilégiés, par exemple, — elle en restreint la nocuité.

Les classes possédantes font une grande consommation d'alcool. Et cependant, le nombre des alcooliques y est relativement peu élevé.

A quoi cela tient-il ?

Ils ont une nourriture saine et nutritive, un logement vaste, bien aéré, du repos, des loisirs, de la quiétude,... toutes choses qui font défaut au prolétaire.

Cela les sauve.

Le mal ne terrasse guère que les constitutions déjà débilitées par la misère, le surtravail, les maladies professionnelles, etc.

N'est-ce-pas triste ?

Le pauvre boit et se tue. Il boit parce qu'il est pauvre. Il se tue parce qu'il est pauvre.

Le riche boit et ne se tue pas. Il ne se tue pas parce qu'il est riche, parce que le repos qu'il prend, l'air qu'il respire, la nourriture qu'il absorbe annihilent les effets de l'alcool.

Au prolétaire : la maladie, la mort parce qu'il est pauvre.

Au bourgeois : la santé, la vie parce qu'il est riche.

Peut-on rêver quelque chose de plus inique au monde ?

Nous ne le pensons pas.

L'inégalité sociale est la source de tous nos maux.

Il importe de la détruire.

Socialisons les sources du vivre, universalisons le travail, supprimons la misère si nous voulons préserver les générations futures des dangers auxquels l'usage de l'alcool les expose chaque jour davantage.

IV

Respirer de la mort incite à boire de la mort.

D. D.

Tant que la terre fut la source principale de la richesse, il y eut peu de grandes villes.

L'industrie en multiplia le nombre.

Aujourd'hui, les campagnes se dépeuplent. Les moyens de production se concentrent. La population opère un mouvement identique.

L'agriculture attachait l'homme au sol. Elle le tenait dans un état d'isolement absolu.

C'est dans les localités les plus peuplées — villes, bourgs, gros villages — que l'industrie se développa le mieux. Peu à peu, les paysans, brutalement expropriés par les seigneurs féodaux, réduits à la misère la plus noire, à la mendicité, au vagabondage, traités en bêtes malfaisantes, durent chercher leurs moyens d'existence dans un travail industriel.

L'établissement des premières manufactures, l'introduction de la machine, la disparition de l'industrie domestique... contribuèrent encore à concentrer la population.

Le long des fleuves et des rivières ainsi que sur le bord des routes fréquentées, des cités opulentes se sont élevées en quelques lustres, en quelques années.

En 1800, l'Europe ne possédait que 21 villes de plus de cent mille habitants (France 3, Angleterre 2, Allemagne 2, etc.) Elle en comptait 42 en 1850, 70 en 1890 (France 9, Angleterre 18, Allemagne 10, etc.) et 121 en 1895 (France 12, Angleterre 30, Allemagne 28, etc.)

Londres qui possède à l'heure présente 6.000.000 habitants n'en comptait que 958.863 en 1801. Berlin, dont la population s'élève actuellement à 1.700.000 âmes, avait 147.167 habitants en 1787 et 55.000 seulement en 1700. Vienne, qui accuse de nos jours 1.500.000 habitants, n'en comptait que 231.049 en 1800 et 175.460 en 1754. Toutes les grandes villes de l'Angleterre (Manchester 1.000.000 habitants, Liverpool 900.000 h., Glascow 800.000 h., Birmingham 500.000 h., etc.) de l'Allemagne (Leipzig 400.000 habitants, Breslau 400.000 h., Hambourg 400.000 h., Munich 400.000 h., Dresde 300.000 h., etc.), de la Belgique, de la Hollande, de la Russie, de l'Autriche-Hongrie, etc. étaient sans importance il y a quelques siècles.

La France — Paris excepté — ne possédait, en 1801, que 2 villes ayant plus de 100.000 habitants (Marseille et Lyon), 4 de 50.000 à 100.000 h. (Bordeaux, Rouen, Lille et Toulouse) et 25 de 20.000 à 50.000 h. Paris — l'humble Lutèce des Parizii — comptait alors 546.858 habitants. Sa population avait été évaluée à 553.000 habitants en 1748, à 540.000 h. en 1675, à 200.000 h. en 1590, à 175.000 h. en 1545, à 150.000 h. en 1467, à 120.000 h. en 1220.

Si nous nous transportons dans les pays nouvellement conquis au Capital tels que les Etats-Unis de l'Amérique du Nord (1), l'Australie, le Japon, etc., nous trouvons des villes de plusieurs centaines de milliers d'individus là où végétaient, il y a un siècle, quelques centaines ou quelques milliers de colons. New-York comptait 8.628 habitants en 1731, 25.614 h. en 1786, 60.489 h. en

(1) Les Etats-Unis possédaient 14 villes de plus de 100.000 habitants en 1870, 20 en 1880, 28 en 1890...

1800, 270.068 h. en 1836 ; sa population dépasse aujourd'hui 2.000.000 individus. Chicago, inconnu il y a soixante ans, possède plus de 1.500.000 habitants. Il en est de même de Philadelphie qui comptait alors 190.000 âmes. Brooklyn possède 1.000.000 habitants contre 20.000 en 1836, Saint-Louis 600.000 contre 10.000. Boston, Baltimore, San-Francisco, Cincinnati, Cleveland, Nouvelle-Orléans, Washington, des centaines d'autres villes témoignent d'un développement aussi rapide. Le Japon possédait, en 1886, 117 villes de plus de 10.000 habitants; en 1896, il en comptait 220, soit près du double. En dix ans, la population d'Osaka a passé de 360.000 à 510.000 habitants, Nogaya de 130.000 à 240.000 h., Yokohama de 89.000 à 180.000 h., Kobé de 80.000 à 185.000 h., etc.

Les campagnes se dépeuplent au profit des villes (1). En France, la population rurale est tombée de 79.94 °/o à 60.99 °/o de la population totale au cours des années 1831-1896.

L'agriculture s'efface devant l'industrie.

La population agricole diminue. Si elle comprend encore plus de la moitié de la population dans quelques pays arriérés, elle n'est plus que

(1) Les campagnes françaises ont perdu plus d'un million d'habitants depuis 1871.

de 17 millions et demi d'individus sur 38 millions, en France, et de 1 million 300 mille sur 30 millions, en Angleterre.

La population industrielle augmente, se concentre sur des territoires de plus en plus restreints.

La construction d'une fabrique ou d'une usine amène de nombreuses familles d'ouvriers ayant autant besoin d'abri que de pain.

Les taudis les plus infects sont loués à des prix exorbitants.

D'anciennes fermes, granges, écuries,... à peine restaurées, rapportent à leurs propriétaires des sommes fabuleuses. Chaque maison abrite un ou plusieurs ménages. Il n'est point de chambre si petite, si obscure, si malsaine qu'elle soit qui ne serve d'habitation à une famille.

Bientôt le logement manque. Des constructions nouvelles s'élèvent alors, d'aspect moins lamentable, nous en convenons, mais presque aussi malsaines.

On a écrit des volumes sur l'insalubrité des habitations ouvrières et, ma foi, on n'a pas eu tort. En France, les trois quarts des maisons sont à démolir. Il en est de même dans les autres Etats.

Plus de la moitié des maisons françaises —

50.2 % — ne possèdent aucun étage (1). Ce sont, pour la plupart, de pauvres chaumières moins commodes et moins hygiéniques que les tannières des loups. Un tiers — 34.6 % — n'ont qu'un étage. Ce sont encore, en général, de détestables habitations, Les 11.2 % des maisons ont deux étages. Combien, parmi elles, laissent encore à désirer au point de vue de la construction ? Combien servent de logement à plusieurs familles, chacune d'elles ne disposant que de trois, deux et même une seule pièce ? Sur 100 maisons, 4 seulement ont plus de deux étages. Beaucoup d'entre elles sont vastes, saines, entretenues avec soin. Les bourgeois qui les ont achetées ou fait construire les habitent seuls. Celles qui ont été abandonnées au peuple sont surpeuplées. On y a multiplié les chambres à dessein. Chaque ménage est à l'étroit. La cuisine et la lessive se font dans la même chambre. Le sommeil se prend dans une seconde pièce si les ressources de la famille le permettent. Ah ! s'il s'agissait de loger une collection de hannetons ou de vieilles médailles !... Avant de les confier à un édifice coûtant des millions, on s'assurerait de la tem-

(1) Leur nombre ne décroit qu'avec une extrême lenteur. Il était de 3.996.571 en 1881, 4.009.530 en 1886, 3.980.686 en 1891, 3.964.228 en 1896,... A cette dernière date, on comptait 2.728.202 maisons ayant un étage 881.468 en ayant deux, 218.373 trois et 101.112 quatre ou davantage.

pérature de ses salles, de leur grandeur, de leur disposition,... Seront-elles trop froides en hiver, trop chaudes en été, trop petites, trop grandes, trop sombres, trop peu aérées, trop sèches, trop humides ?... Des riens sont précieusement conservés dans des palais. Le créateur de la richesse s'étiole dans un taudis.

Il serait temps de modifier un pareil état de choses.

Sans doute, tant que durera l'ordre bourgeois, les maisons malsaines resteront majorité et celles qui pourraient sans danger fournir le logement à un ménage seront habitées par plusieurs, ce qui en rendra l'occupation également nuisible à la santé.

Mais ce qu'on peut faire — ce qu'il importe de faire dès aujourd'hui — c'est interdire la construction de maisons insalubres.

Cela, l'Etat, le département et la commune le doivent à la population ouvrière. On tue par l'asphyxie aussi bien que par le poison, par les épidémies aussi bien que par le couteau à virole, le poignard et la bombe. Le droit sanitaire prime le droit quiritaire. Tuer est toujours un crime, et il importe d'empêcher les propriétaires de le commettre avec l'approbation du code.

Déjà, des voix se sont élevées en faveur de la

santé publique chaque jour sacrifiée par le Capital.

Le docteur T. Bécour dans son traité *Des causes de la Mortalité des nouveau-nés* (1881) dit avec raison : « L'entreprise privée à laquelle toute latitude est laissée à tort, selon nous, de bâtir comme il convient, ne tient aucun compte, dans l'érection de ces vastes caravancérails ouvriers, de l'hygiène, de l'air, de la lumière qui sont les éléments primordiaux indispensables à la salubrité générale. L'étroitesse de la voie d'accés à certains bâtiments, le peu de hauteur intérieur des logis, la dimension des chambres, la parcimonie des corridors, paliers, escaliers, fenêtres, jours de souffrance et de lumière, tout, jusque aux matériaux du bâtiment, laisse à désirer. Pour la spéculation tout est assez bon. La question se résume en ceci : bâtir un lot de maisons dans un endroit le plus restreint possible, ayant le moins d'ouvertures et le moins d'espace afin d'avoir le plus de cases sur cet échiquier où l'on se joue de la vie et de la santé de tout une population ouvrière qui n'a déjà que trop d'occasions de se mal porter. Les administrateurs soucieux du bien-être de leurs administrés et les législateurs à qui incombe le devoir de garantir ceux qu'on assassine d'une façon chronique, ne pourraient-ils pas édicter des lois et prendre des arrêtés qui modifieraient le droit et la liberté d'élever des habitations si notoirement contraires au maintien de la santé publique ? Des plans discutés en commun par des hommes compétents, par une haute commission de l'hygiène du bâtiment, ne devraient-ils pas servir de prototype à l'effet de remédier à un état de chose si préjudiciable ? Toutes les garanties sont exigées quand il s'agit de créer un bâtiment public, somptuaire ou utilitaire : musée, hôtel-de-ville, halle, école, théâtre, temple, église, etc. et l'on ne demande rien de pareil lorsqu'on veut édifier une demeure permanente devant servir à l'immense majorité des habitants. »

Les deux tiers des civilisés ont un logement insuffisant, malsain.

On trouve des maisons sans autre ouverture que la porte (1). Celles qui n'ont qu'une, deux, trois ou quatre fenêtres sont très nombreuses. Au contraire, on compte les maisons ayant plus de dix ouvertures. La plupart sont habitées par des bourgeois.

Dis-moi quel est ton logement, et je te dirai qui tu es. La santé, le savoir, la moralité... ont besoin

(1) En France, les maisons à une ouverture sont encore au nombre de plus de 250.000. Elles abritent près d'un million d'hommes.

pour se développer d'espace, d'air, de soleil,... Et tout cela manque au Prolétariat.

L'architecture a fait d'immenses progrès depuis quelques siècles. Les grandes villes possèdent de somptueux quartiers. Leurs alentours comptent de nombreux châteaux. La multitude se loge toujours dans de misérables bâtisses.

L'enquête de 1887-1889 sur la valeur de la propriété bâtie a établi que, cent ans après la déclaration des droits de l'Homme, des millions de Français logent encore dans des tannières que déserteraient les fauves.

Sur 8.914.523 maisons, 7 millions 310 mille ou 82 %, ont une valeur locative annuelle inférieure à 201 francs. Qu'est-ce qu'une maison qui rapporte moins de 20 francs par mois ? Quel millionnaire voudrait louer son écurie pour pareille somme ? 866 mille maisons ont une valeur locative de 201 à 500 fr. Elles sont occupées par la petite bourgeoisie besogneuse ou par plusieurs ménages d'ouvriers. Le petit rentier, l'employé, le fonctionnaire... n'ont pas trop à souffrir d'une semblable habitation. Il n'en est pas de même du commerçant dont le rez-de-chaussée bien souvent sert de salle de vente, de dépôt de marchandises, etc. Quant aux ouvriers, rares sont ceux qui peuvent payer des loyers mensuelles de 20 à 50 francs. Les maisons ayant une valeur locative de 501 à 1000 fr. sont au nombre de 370 mille seulement. La plupart sont totalement ou partiellement habitées par des bourgeois. Les uns en occupent toutes les pièces. Les autres louent les rez-de-chaussée ou les étages supérieurs, les rez-de-chaussée dans les quartiers affairés, les étages supérieurs dans les quartiers oisifs. Les maisons d'une valeur locative de plus de 1000 fr. sont moins nombreuses. On en compte 197 mille dont le loyer varie de 1001 à 2000 fr., 105 mille allant de 2001 à 5000 fr. et 63 mille ayant une valeur locative supérieure à 5000 fr. Ces 365 mille maisons sont pour la plupart occupées par la noblesse et la haute bourgeoisie. Le commerce en utilise un petit nombre. Dans les grandes villes, certaines d'entre elles sont occupées par la petite bourgeoisie et par le Prolétariat. Inutile de dire que ces dernières sont toutes surpeuplées.

Ainsi donc, sur près de 9 millions de maisons, c'est à peine si l'on en trouve 1 million et demi d'habitables. Le reste peut abriter sans trop de danger des quadrupèdes. Il ne saurait loger des hommes.

Nous avons dit que les maisons dont le prix de location mensuel est inférieur à 20 fr. sont au nombre de plus de 7 millions. 1 million 319 mille d'entre elles ont une valeur locative de 10 à 20 fr. par mois ; pour 2 millions 134 mille maisons, cette valeur oscille entre 5 et 10 fr. Qu'est-ce qu'une habitation louée à prix aussi vil ? Une tannière.

La misère a pourtant de plus sombres demeures. L'enquête précitée nous apprend que pour 2 millions 725 mille maisons, c'est-à-dire pour près du tiers des habitations, la valeur locative tombe à 5, 4, 3 et 2 francs par mois. Et l'on s'étonne que la Mort fauche, chaque année, des centaines de milliers d'enfants et d'adolescents des deux sexes ! Si quelque chose doive nous surprendre, c'est qu'elle ne fasse pas un plus grand nombre de victimes.

Et cependant, au-dessous de ces chaumières moyen-âgeuses, il y a des habitations plus misérables encore. Elles sont 1 million 132 mille les maisons louées moins de 20 fr. par an, c'est-à-dire moins de 2 fr. par mois. Combien de parias de notre civilisation logent là dedans ? Nul ne le sait au juste.

Quand le logement manque, tout manque.

Le pain est rare sous le chaume, dans les

taudis, dans les bouges, partout où l'air et la lumière ne peuvent pénétrer. L'insalubrité et la misère sont sœurs. Elles ne se quittent point.

Pour le pauvre, nulles joies, nuls plaisirs, nulles distractions. L'étude même est impossible à la majorité des prolétaires.

Chose triste à constater dans tous les pays, le pain de l'intelligence — le pain de l'âme — ne peut être assuré aux travailleurs, même à ceux que le chômage n'atteint pas.

« Dans tous les ménages ouvriers, dit B. Gendre, les dépenses pour la nourriture, le vêtement, le logement, le chauffage, c'est à dire la satisfaction plus ou moins complète des besoins de la bête humaine, absorbent 90 % du revenu total. Il reste donc 10 % pour frais d'école, livres, distractions, culte, enfin pour ce qui constitue les besoins moraux et intellectuels. Quelle démonstration aussi de la *loi d'alimentation* découverte par le statisticien allemand Engel, et d'après laquelle le p. % proportionnel des dépenses alimentaires augmenterait en raison inverse du revenu, — on pourrait ajouter en raison inverse de la qualité de la nourriture ! Pour une famille riche, l'alimentation, quelque recherchée qu'elle puisse être, ne représente que 30 p. % du revenu. Ce p. % sera de 30 à 40 pour la haute bourgeoisie, de 40 à 50 pour la petite, tandis qu'il dévorera de 50 à 70 du maigre salaire de la famille ouvrière. Par une cruelle ironie, à mesure que le chiffre des dépenses alimentaires empiète sur le reste, les pommes de terre, les légumes jouent dans le budget un rôle plus considérable, la graisse de bœuf expulse le beurre, la consommation de la viande devient désisoire. »

L'ouvrier ne peut plus réparer ses forces. Il est obligé d'absorber des substances toxiques, les unes excitantes, les autres narcotiques. Il use d'abord de boissons caféïques dont il ne tarde pas à reconnaître l'insuffisance. C'est alors qu'il se tourne vers les narcotiques : le tabac et l'alcool (1).

V

> Les grandes villes sont des foyers d'alcoolisation.
>
> *D. D.*

La consommation des boissons alcooliques n'est nulle part aussi élevée que dans les villes.

---

(1) Tous les peuples sont friands de substances excitantes et narcotiques. Citons, parmi les excitants musculaires : la coca du Péruvien, parmi les excitants nerveux : la kola du nègre de la Guinée, le guarana du Brésilien, le maté du Chilien, le cacao, le thé, le café, etc. Ce sont là, ne l'oublions pas, des agents d'usure dont il faut se méfier. Les excitants narcotiques sont — indépendamment des boissons alcooliques — le kava du Polynésien, le bétel du Javanais, le hachisch, l'opium, le tabac, etc.

En 1897, la consommation du vin a été pour toute la France de 42.301.043 hectolitres, soit 111 litres par personne. Le vin bu en franchise par les récoltants figure dans ce total. La consommation du vin imposé ne fut que de 89 litres par habitant. Cette moyenne a été dépassée par les deux tiers des villes de plus de 30.000 habitants agglomérés dans le périmètre de l'octroi. Elle a été de 268 litres à Nice, 253 l. à Saint-Etienne, 231 l. à Angoulême, à Roanne et à Levallois-Perret, 225 l. à Clichy, 221 l. à Toulouse, 219 l. à Bordeaux, 218 l. à Grenoble, à Saint-Ouen et à Neuilly, 211 l. à Clermont-Ferrand, 207 l. à Tours, 204 l. à Boulogne-sur-Seine, 200 l. à Saint-Denis, 197 l. à Paris, 196 l. à Dijon, 195 l. à Versailles et à Poitiers, 194 l. à Troyes, 191 l. à Limoges, 188 l. à Montpellier, 183 l. à Lyon, 181 l. à Besançon, 176 l. à Nancy, 174 l. à Marseille, 170 l. à Béziers, 169 l. à Nantes et à Avignon, 168 l. à Bourges, 160 l. à Cette, 152 l. à Toulon, 151 l. à Orléans, etc.

La consommation du cidre fut de 12.275.071 hectolitres, soit 33 litres par personne. L'impôt a été prélevé sur 14 litres. Cette quantité s'est trouvée dépassée dans les grandes villes de l'Ouest. Rennes en absorba 385 litres, Cherbourg 280 l., Caen 226 l., Le Mans 137 l., Rouen 124 l.,

Lorient 91 l., Nantes 20 l., etc. Paris en a également bu 32 litres ; Amiens 20 l., Versailles 19 l., etc.

La consommation de la bière atteignit 24 litres par habitant. Cette moyenne fut dépassée par le tiers des villes de plus de 30.000 âmes. Elle s'éleva à 295 litres à Tourcoing, 292 l. à Roubaix, 291 l. à Lille, 279 l. à Saint-Quentin, 236 l. à Dunkerque, 142 l. à Calais, 95 l. à Boulogne-sur-Mer, 79 l. à Amiens, 78 l. à Grenoble, 74 l. à Nancy, 49 l. à Reims, 34 l. à Rennes, 27 l. à Poitiers, 26 l. à Besançon, 25 l. à Lorient, etc.

La quantité d'alcool pur contenu dans les eaux-de-vie, genièvre, rhum, kirsch, absinthes, etc. fut de 1.715.718 hectolitres, soit 4 litres 49 par tête. 1.633.973 hectolitres ont payé le droit général de consommation, soit 4 litres 28 par habitant. Cette moyenne a été dépassée par les neuf dixièmes des villes contenant au-delà de 30.000 habitants dans le périmètre de l'octroi. Elle a été de 16 litres 54 à Cherbourg, 16 l. 4 à Rouen, 16 l. 29 au Hâvre, 13 l. 62 à Cette, 13 l. 19 à Caen, 12 l. 21 à Boulogne-sur-Mer, 11 l. 79 à Brest, 11 l. 37 à Amiens, 10 l. 63 au Mans, 10 l. 23 à Lorient, 10 l. 15 à Calais, 9 l. 14 à Saint-Quentin, 8 l. 91 à Versailles, 8 l. 9 à Tourcoing, 8 l. 79 à Dunkerque, 8 l. 34 à Rennes,

8 l. 08 à Toulon, 7 l. 95 à Paris, 7 l. 58 à Marseille, 7 l. 32 à Levalllois-Perret, 6 l. 85 à Reims, 6 l. 83 à Roubaix, 6 l. 65 à Clichy, 6 l. 63 à Avignon, 6 l. 37 à Boulogne-sur-Seine, 6 l. 33 à Saint-Denis, 6 l. 05 à Besançon, 5 l. 99 à Grenoble, 5 l. 78 à Nîmes, 5 l. 73 à Lyon, 5 l. 64 à Angers, 5 l. 41 à Troyes, 5 l. 4 à Dijon, 5 l. 32 à Saint-Etienne, 5 l. 3 à Orléans, 5 l. 27 à Montpellier, 5 l. 22 à Saint-Ouen, 5 l. 2 à Lille, 5 l. 09 à Nice, 4 l. 94 à Nancy, 4 l. 91 à Tours, 4 l. 89 à Nantes, 4 l. 67 à Bourges, 4 l. 62 à Limoges, 4 l. 58 à Neuilly, 4 l. 52 à Bordeaux, 4 l. 3 à Clermont-Ferrand, etc.

Les enfants et les adolescents ne boivent pas d'alcool ou en consomment une très petite quantité. Il font un usage restreint des boissons fermentées. Nombre de femmes n'absorbent pas d'alcool et ne consomment que fort peu de vin, cidre, bière, etc. Rares sont celles qui font un usage journalier ou excessif des boissons enivrantes. Tous les hommes ne boivent pas d'alcool. Ceux qui usent modérément des spiritueux sont légions.

A combien s'élève la consommation annuelle de ceux qui en abusent ?

5 litres d'alcool pur — et cette moyenne est dépassée dans la généralité des grandes villes — représentent, au bas mot, 12 litres d'eau-de-vie, genièvre, rhum, etc.

Un dizième de la population achète, dit-on, les trois quarts des spiritueux. C'est donc à plus de 37 litres que l'on peut évaluer la quantité d'alcool absolu annuellement absorbé par la majorité des buveurs d'habitude.

Le vin, le cidre, la bière... contiennent également une notable proportion d'alcool.

111 litres de vin — moyenne de la France — représentent 11 litres 1 d'alcool. 33 litres de cidre et 24 litres de bière donnent 2 litres 37 d'alcool. Total 13 litres 47, qu'il faut quadrupler, quintupler peut-être pour avoir la quantité consommée par le buveur invétéré.

Il y a donc en France plus de 4 millions de personnes qui absorbent chaque année, sous les noms d'eau-de-vie, vin, bière, etc. — de 80 à 100 litres d'alcool pur.

Voilà qui explique les progrès de l'alcoolisme.

VI

La Bourgeoisie s'alcoolise chaque jour davantage.

D. D.

On se tromperait étrangement si l'on affirmait

que la population ouvrière des grandes villes est seule à s'alcooliser.

La Bourgeoisie urbaine consomme une quantité considérable d'alcool sous forme d'eau-de-vie, absinthe (1), rhum, kirsch, kummel, bénédictine, chartreuse, etc. Elle fait usage de bières fortes, celles qui contiennent 6 %, 7 % et quelquefois 10 % d'alcool, et laisse au peuple les bières inférieures qui sont les moins alcoolisées. Elle consomme les meilleurs cidres, ceux qui comptent de 7 % à 10 % d'alcool. Le cidre du peuple n'en contient guère que 3 %. Les grands vins que consomme la Bourgeoisie sont aussi les plus riches en alcool, Rarement, les vins naturels accessibles au peuple renferment 10 % d'alcool. Ceux qui sont vendus en détail à Paris n'en contiennent que 8.8 %. Les vins consommés par la noblesse et la haute bourgeoisie dosent — à quelques rares exceptions près — de 12 % à 15 % d'alcool. Les boissons distillées du riche contiennent toutes une proportion d'alcool des plus élevées : de 50 % à 80 %.

(1) En France la quantité d'alcool pur contenu dans les absinthes et similaires a trentuplé au cours des années 1873-1897 : 192 699 hectolitres en 1897 contre 6.713 h. en 1873. Ces chiffres expliquent les progrès de l'absinthisme et des maladies qu'il enfante : l'epilepsie, le tremblement des membres, la stérilité, etc. La consommation des autres spiritueux composés est aussi en progrès. La quantité d'alcool absolu employée à leur fabrication fut de 119.253 hectolitres en 1897 contre 22.479 h. en 1874, soit, en vingt-quatre ans, une augmentation de plus de 430 o/o.

Les quartiers aristocratiques de nos grands centres industriels, les communes riches en châteaux et maisons somptueuses, certaines villes presque exclusivement habitées par la Bourgeoisie se font remarquer par leur amour pour les boissons alcooliques.

A Versailles, par exemple, — la ville la plus aristocratique de France — il s'est bu, en 1897, 8 litres 91 d'alcool pur par habitant (ce qui représente, au bas mot, de 25 à 30 litres d'alcool anhydre ou 70 litres d'eau-de-vie à 40 degrés par adulte mâle), plus 195 litres de vin, 23 litres de bière, 19 litres de cidre, etc. (1). Peu de localités accusent une telle consommation de substances enivrantes, Cette ville est peuplée de gens « comme il faut », nobles et bourgeois, rentiers, retraités, unis par une commune haine du Prolétariat et du Socialisme. Le derrière au feu et le ventre à table, on y flétrit la « paresse des travailleurs » qui peinent quotidiennement douze heures pour assurer à leurs insulteurs une vie d'oisiveté et de plaisirs, la

(1) Nice, autre ville aristocratique et bourgeoise, tient le record de la consommation du vin: 268 litres par tête (en 1897). On y boit, en outre : 5 litres 09 d'alcool pur, 13 litres de bière, etc. — Le département de Seine-et-Oise — fortement peuplé de bourgeois se *désaltérant* à Paris — accuse une consommation d'alcool supérieure à celle de maintes régions industrielles. En 1897, la quantité moyenne d'alcool pur consommée y fut de 6 litres 93 contre 3 l. 87 dans le Rhône, 4 l. 99 dans le Nord, 6 l. 02 dans les Bouches-du-Rhône, etc.

« débauche des masses populaires » auxquelles les joies de l'amour sont refusées ou empoisonnées, la « prodigualité des pauvres » moins bien nourris que les chiens et les chevaux de luxe, l' « ivrognerie des classes ouvrières » sans songer à la présence de bouteilles vides ou sur le point de l'être...

La Bourgeoisie s'alcoolise de plus en plus. Ses politiciens et ses philanthropes, ses moralistes et ses philosophes, ses littérateurs et ses artistes ne cherchent même pas à cacher leurs libations. Ils multiplient les occasions de se saouler. Partout, ce n'est que banquets, punchs, lunchs... Ce qui se boit de vin, bière, eau-de-vie, etc. dans ces agapes est fabuleux.

Dans son étude sur le *Parti ouvrier et l'alcool*, Vandervelde en fait la remarque et l'illustre d'un exemple que nous ne pouvons passer sous silence. « Au Congrès international des médecins qui eut lieu à Berlin, en 1890, dit-il, la ville de Berlin offrit aux congressistes un banquet dans lequel on but : 5.308 bouteilles de Champagne, 4.721 bouteilles de Bordeaux, 3.853 bouteilles de vin du Rhin, 1.500 bouteilles de vin de la Moselle, soit 15.382 bouteilles de vin capiteux, plus 22 hectolitres de bière de Bavière et 300 portions de cognac. Les honorables convives ont en outre

5

brisé pour 3.000 marks (3.750 francs) de verres et de vaisselle dans cette mémorable soirée. » Aucun discours contre l'alcool n'a été prononcé en face des bouteilles. C'est infiniment regrettable.

Les prolétaires ont-ils jamais donné pareil exemple d'intempérance ?

Nous ne le pensons pas.

VII

> L'alcoolisme a suivi très exactement les progrès de l'industrialisation de l'ouvrier, de l'ouvrière et de l'enfant.
>
> *Bonnier*

L'usage de l'alcool se répand dans les campagnes. Qui le propage ? La Bourgeoisie.

Le travail agricole devient de plus en plus pénible.

Le paysan, fouetté par la concurrence, garrotté par la routine, écrasé par l'impôt, exige chaque jour des siens et de ses ouvriers — s'il en a — une plus grande dépense de force de travail.

Là comme à la ville, la nourriture et le repos ne réparent plus les forces du travailleur. Ce dernier doit trouver en dehors du sommeil et des aliments, un supplément de forces. L'alcool semble pouvoir le lui fournir. Il le recherche.

Qui donc pourrait s'étonner des progrès de la consommation de l'alcool ? Sans lui désormais — même à la campagne — pas de main-d'œuvre au rabais, pas de pesant labeur pour un léger salaire.

Les pays civilisés se couvrent de débits de boissons.

La France — moins Paris — comptait 280.000 débits en 1830, 342.980 en 1874, 356.863 en 1880, 399.514 en 1885, 413.141 en 1890, 424.575 en 1895 et 425.507 en 1897. En soixante-sept ans, le nombre des cabarets a donc augmenté de 52 %. La population provinciale ne s'est accrue que de 14 % au cours de la même période.

Il existe donc aujourd'hui un débit par 83 habitants ou par 17 familles de cinq personnes.

Paris possède plus de 27.000 débits, soit un par 90 habitants ou par 18 familles.

L'alcool pénètre dans les plus petits villages.

Des provinces entières sont couvertes de cabarets. La Normandie, par exemple, compte un débit par 66 habitants ou par 13 familles. Certaines villes du Nord possèdent un cabaret par 57 habitants ou par 11 familles. Témoin Roubaix qui, pour une population de 124.661 âmes, compte 2.192 estaminets, plus cinq douzaines de cafés et une douzaine d'hôtels.

Les choses ne se passent pas autrement en Belgique, en Allemagne, en Hollande, en Autriche, etc.

La Belgique comptait, en 1892, 175.000 cabarets, soit un par 35 habitants ou par 7 familles.

De 1869 à 1879, le nombre des débits de boissons s'est accru de 47 % en Bavière, — de 22 % dans tout l'Empire.

Le prolétaire de l'atelier et du champ boit parce qu'il est prolétaire, c'est-à-dire parce qu'il ne s'appartient pas, parce que sa personne est la chose de son maître, parce que les fruits de son labeur lui sont ravis, parce qu'il doit accomplir un travail au-dessus de ses forces, parce qu'il souffre de ne pouvoir réagir contre un état de choses qui lui est préjudiciable.

La situation du prolétaire de la caserne n'est pas différente. Lui aussi a perdu son indépendance ; lui aussi est séparé de la terre et de ses richesses ; lui aussi est condamné à mener une existence inutile pour lui-même ; lui aussi doit dépenser, certains jours, plus de forces qu'il n'en peut obtenir de sa ration alimentaire ; lui aussi éprouve le besoin d'endormir son vouloir. Il boit pour satisfaire les exigences de ses maîtres. L'alcool complète l'ordinaire. Il enlève la conscience et la volonté, la dignité et l'esprit de justice et d'indépendance, qualités que le soldat ne saurait posséder sans dangers pour ceux qui le commandent. Dans les colonies, où règne presque toujours une discipline de fer, l'usage des boissons alcooliques est très répandu. Les ravages qu'elles causent sont inconcevables. « L alcool a tué, en Algérie, plus de soldats français que les balles des Arabes, » dit le docteur Riant. L'Arabe ne tue plus. L'alcool poursuit son œuvre de corruption, d abêtissement, de dégénération et de mort.

CHAPITRE III

L'ALCOOLISME

I. L'Alcoolisme. — II. L'Action de l'Alcool sur le Végétal et l'Animal. — III. L'Action de l'Alcool sur l'Homme : A. Intoxication alcoolique ; B. Morbidité ; C. Mortalité ; D. Criminalité ; E. Suicide ; F. Folie. — IV. L'Action de l'Alcool sur la Descendance. — V. L'Action de l'Alcool sur la Richesse publique.

I

L'alcoolisme est le fléau le plus redoutable de notre temps.

D. D.

L'alcoolisme est un fléau d'origne récente. Il fut signalé pour la première fois, il y a un demi-siècle à peine, par un médecin suédois Magnus Huss.

Ses progrès ont été rapides.

A l'heure présente, toutes les nations civilisées ont été contaminées. C'est surtout au sein des populations industrielles que s'est développé la maladie décrite par Huss dans son livre, *Sur l'Alcoolisme chronique* (1852).

Arrêt de croissance, débilité, mort prématurée, telles sont les principaux effets de l'alcoolisme.

Un mal aussi grave doit être combattu avec ardeur par tous ceux qui s'intéressent aux destinées de l'Humanité.

II

L'alcool est l'ennemi de la Vie.
D. D.

L'alcool intoxique toutes les œuvres de la Nature.

Il s'attaque à tous les êtres organisés, aux végétaux comme aux animaux, à tous les hommes : sauvages, barbares ou civilisés, noirs, jaunes ou blancs, septentrionaux ou méridionaux, forts ou faibles.

Evelyn a alcoolisé nombre de végétaux : pommes de terre, navets, oignons, radis, blé, etc. « Un navet se fane, dit-il, quand il est chargé d'alcool à un tiers de son volume. »

L'alcool intoxique — et tue — tous les animaux du plus humble, le Protozoaire, au plus parfait, l'Homme.

Nul mammifère, oiseau, poisson, insecte... ne résiste à ce poison. Les expériences des docteurs

Magnan, Laborde, Bouchardat, Sandras, Féré, Mairet, Combemale, Joffroy, Serveaux, d'Evelyn, etc. le prouvent de la façon la plus indubitable.

Les abeilles soumises au régime du miel alcoolisé accusent une dégénérescence rapide. Elles perdent leurs habitudes de travail, d'ordre, de solidarité, en un mot, elles se décivilisent.

Au dire de Bouchardat et de Sandras, la crête du coq grisé perd sa couleur ; elle passe du rouge éclatant au noir.

Féré a étudié les effets de l'alcool, ou plutôt des vapeurs d'alcool sur les embryons des œufs de poule. Il a constaté chez tous un développement défectueux.

Mairet et Combemale ont alcoolisé une chienne. Elle donna naissance à six petits dont trois mort-nés. Les autres manquaient d'aptitudes intellectuelles.

Odge a alcoolisé des chats et des chiens. Aux chats, l'alcool donna un rhume violent. Il paralysa leur croissance et les altéra physiologiquement. Les chats soumis au régime de l'alcool n'avaient point l'instinct chasseur ; ils ne jouaient pas, ne ronronnaient pas. Leur poids était inférieur de moitié au poids de leurs congénères non alcoolisés. — Les chiens alcoolisés sont aussi plus légers que les chiens normaux. Ils sont moins intelligents, moins vifs, moins actifs.

N'avons-nous pas raison de dire que l'alcool est un grand débilitant pour tous les êtres organisés ?

III

> On s'est plaint de la peste, du choléra... L'alcool est un fléau bien plus redoutable.
>
> *O. D.*

Voici près d'un demi-siècle que l'on signale les maux engendrés chez l'Homme par l'usage des boissons enivrantes.

Aujourd'hui, nul ne peut nier que l'individu qui s'alcoolise abrège la durée de son existence et se condamne à ne procréer que des faibles et des dégénérés.

« L'alcool porte sa funeste influence sur l'homme tout entier, » dit le docteur Riant.

Rien n'est plus vrai.

L'homme physique n'est pas seul atteint par ce redoutable poison. Son action sur l'homme intellectuel et moral est indéniable.

L'alcoolisme est un mal fort grave par lui-même. Que dire des maladies qu'il enfante et de celles qu'il aggrave ?

Médecins et hygiénistes, démographes et sociologues sont aujourd'hui d'accord pour reconnaître que l'alcool — même dégagé de ses impuretées : alcools supérieurs, acides, éthers, aldéhydes acétyque, éthylique, pyromucique ou furfurol, etc. — est un produit dont l'usage, à n'importe quelle dose, doit être rigoureusement proscrit.

Nous serons heureux de leur céder la parole à maintes reprises. Il faut que le peuple sache à quels dangers ses maîtres l'exposent en le plaçant sous le joug de l'alcool.

Il le saura.

Il le saura du témoignage même des hommes que la Bourgeoisie a investi du droit de combattre les maladies.

A.

On a défini l'alcoolisme : une vieillesse anticipée. On a eu raison. Tout alcoolique est un vieillard.

Santé, intelligence, moralité... l'alcool attaque tout, ruine tout. C'est le « pandestructeur » par excellence (1).

« Il compromet la santé, dit Riant, il abrège la vie. Il tarit les sources de l'intelligence, brise, anéantit la volonté, et amène rapidement avec

(1) L'alcool est aussi la cause d'un grand nombre d'accidents, les uns mortels, les autres entraînant des incapacités permanentes ou temporaires de travail, des mutilations, etc.

la paresse, sa compagne obligée, la misère. Il porte les plus rudes atteintes à la raison (on verra plus loin combien de cas de folie sont imputables à l'abus des boissons enivrantes). Alors que la raison ne succombe pas complètement, le sens moral est perverti au point de ne plus laisser subsister la notion du bien et du mal : état d'abrutissement qui mène au crime ou au suicide. L'alcool, qui dégrade, avilit, tue l'individu, ruine aussi la famille, la race, le pays. L'altération des facultés intellectuelles et morales, la folie, les penchants vicieux, criminels, se transmettent aux enfants, et assurent à la famille comme au pays d'indignes soutiens, des non-valeurs pour la production comme pour le bien, une population nombreuse pour les hôpitaux, les prisons et les bagnes. »

Les maladies directement causées par l'alcool sont nombreuses.

Les unes ont leur siège dans l'estomac. On rencontre les autres dans le foie, le cœur, les vaisseaux artériels, la gorge, les poumons, les bronches, les méninges, le cerveau, la moelle, les reins, les nerfs, etc.

L'alcool — tous les médecins le proclament — altère profondément les organes et les fonctions de la digestion. Chez l'alcoolique, la sensation de faim est très faible : manger cesse d'être le plus impérieux des besoins. « Le besoin des aliments diminue, dit l'auteur précité. L'appétit se perd. Le dépérissement est bientôt la conséquence d'une alimentation insuffisante et d'une nutrition imparfaite. Parfois un embonpoint trompeur se produit. Certains buveurs engraissent. C'est que l'alcool s'est emparé de tout l'oxygène du sang ; il n'en reste plus pour brûler les aliments gras qui s'accumulent dans les tissus ; dépôt inutile qui atteste, non la santé, mais l'imperfection de l'assimilation. La graisse se dépose dans tous les organes : foie, reins, cœur, vaisseaux ; elle altère leurs fonctions, cause des hydropisies et des dégénérescences fatales. »

L'alcool, avons-nous dit, exerce une action malfaisante sur tous les organes qu'il parvient à influencer (1).

Le fait n'est pas contestable.

L'alcool affaiblit l'appareil digestif. Il congestionne et enflamme l'estomac ; il lui enlève la

(1) L'alcool n'intoxique pas seulement par ingestion stomacale, mais aussi par inhalation. On rencontre la cirrhose alcoolique chez les ouvriers condamnés à respirer des vapeurs d'alcool : ouvriers des distilleries, des celliers, etc. La même maladie a été observée chez les dégustateurs de vins et d'eaux-de-vie qui recrachaient le liquide goûté. Des cas d intoxication alcoolique ont été relevés chez les fabricants de vernis, les marchands de couleurs, les vernisseurs, les éventaillistes, les fabricants de chapeaux de paille, les apprêteurs d'étoffes de soie les parfumeurs, etc.

faculté de préparer les sucs nécessaires à la digestion ; il l'épaissit, l'endurcit, le tapisse de croûtes, ralentit ses mouvements, irrite ses sécrétions, etc. Nombre d'ivrognes sont atteints de gastrite chronique, ulcère de l'estomac, dyspepsie, pyrosis, etc. Le cancer du pylore a souvent une origine alcoolique. Tout consommateur de spiritueux est un candidat à la phtysie pulmonaire, à la fièvre typhoïde, etc.

L'alcool ruine le foie. Il l'enflamme, le durcit, le rétrécit ou le dilate et l'engraisse. La jaunisse, l'épatite, la cirrhose, etc. s'observent chez une foule de buveurs.

L'alcool raréfie et corrompt le sang. Il durcit les vaisseaux sanguins.

L'alcool excite et fatigue le cœur. Il dilate ses cavités et amincit ses parois. L'hyperthrophie du cœur fait nombre de victimes.

L'alcool enflamme les poumons. La pneumonie guette le buveur.

L'alcool désorganise le système nerveux. Il donne naissance à une foule de maladies fort graves : névroses, délire alcoolique, delirium tremens, folie alcoolique, alcoolisme chronique, paralysies partielles, paralysie générale, etc.

L'alcool agit sur les sens. Il corrompt le goût, affaiblit l'odorat, détruit l'ouïe, la vue, etc.

Nul organe n'échappe à la pernicieuse influence de l'alcool.

Il n'en est aucun qui ne lui doive quelque maladie ou quelque dégénérescence.

Quand se décidera-t-on à bannir radicalement ce toxique de l'alimentation ?

B.

L'alcool exerce sur la santé une influence pernicieuse.

Pour l'homme qui s'enivre fréquemment, toute maladie est dangereuse, toute blessure est grave.

« L'ivrogne malade ne guérit que lentement, dit le docteur T. Bécour ; blessé, ses plaies donnent lieu au tétanos, à la gangrène, à la pourriture. »

« La morbidité, la fréquence des maladies, est plus considérable chez les buveurs que chez les abstinents, déclarent également Sérieux et Mathieu. Le Dr Moeller a comparé les opérations, durant cinq années consécutives, de deux sociétés anglaises de secours mutuels, l'une n'admettant que des abstinents, l'autre comprenant des non-abstinents à l'exception toutefois des alcoolisés. Les abstinents ne donnaient que 17 jours 12 heures de maladie, les non-abstinents donnaient 65 jours et 15 heures (Van Coillie). »

D'après le docteur C. Drysdale,' la durée de la maladie des non-abstinents est trois fois et demie plus longue que celle des abstinents.

C.

La mortalité des alcooliques est considérable. « Le Dr Lancereaux déclarait, en 1865, que dans les hôpitaux de Paris, la mortalité déterminée par l'empoisonnement alcoolique était dans la proportion de 1/20, disent les auteurs de l'*Alcool*. Cette proportion est évidemment plus forte aujourd'hui. En Suisse, une statistique officielle démontre que dans les quinze villes les plus populeuses de ce pays, la proportion des décès manifestement dus à l'alcool est de près de 11 %. Ce chiffre est encore au-dessous de la réalité, car on n'a tenu compte que des cas où l'action de l'alcool était tout évidente. Or, pour un grand nombre de sujets dont la mort ne paraît pas devoir être attribuée à l'alcoolisme, cette intoxication est en réalité intervenue en diminuant la résistance de l'organisme, en préparant le terrain aux diverses affections qui ont amené une terminaison fatale. La tuberculose, par exemple, qui cause presque le quart des décès dans les grandes villes, est fréquente chez les buveurs d'habitude. L'alcoolisé, on l'a dit avec raison, est un vieillard peu résistant; aussi, quand survient une épidemie, les buveurs offrent-ils une résistance sensiblement moins grande que les sujets sobres. Le Dr Gibert (du Hâvre) a constaté que sur 10 alcoolisés atteints de choléra, il en meurt 9 ; tandis que sur 10 abstinents, il y en a 8 de sauvés. A Glascow, des proportions analogues ont été relevées pour la mortalité des buveurs et celle des abstinents. On sait aujourd'hui la gravité que prennent chez les alcoolisés la pneumonie, la variole (Combemale), la syphilis (Fournier), les blessures, et les opérations chirurgicales, etc. Le Dr Norman Kerr estime à 40.000 le nombre des décès prématurés dus chaque année à l'ivrognerie en Angleterre seulement. Le chiffre des morts causées indirectement par l'alcool est au moins double. Le Dr Westergaard (de Copenhague) disait, au Congrès international d'hygiène de 1891 : « On a comparé la mortalité » et la durée moyenne de la vie chez les indi- « vidus dont les professions mêmes conduisent à « l'intempérance — tels les cabaretiers, les « aubergistes, les maîtres d'hôtel, — avec celles « des personnes appartenant à des professions « réputées comme sobres. Le dernier rapport « du *Register general of marriages, deaths of* « *England*, montre que chez les aubergistes, la

« mortalité entre vingt et soixante ans est de « 50 % plus grande que la mortalité moyenne de « la population. Chez les domestiques d'hôtels, « cette proportion atteint le chiffre de 120 %. »

En Angleterre, la mortalité des ouvriers brasseurs, des marchands de vins et liqueurs et des garçons de cafés et d'hôtels est de deux à trois fois plus élevée que celle des agriculteurs. En effet, il résulte des tables de mortalité du docteur Ogle que pour 100 agriculteurs de vingt-cinq à soixante ans, il succombe 194 brasseurs, 217 marchands de vins et liqueurs et 315 garçons de cafés et d'hôtels.

La grande mortalité des alcooliques est encore attestée par les compagnies anglaises d'assurances sur la vie. Il appert des tables du *Spectre*, de la *Temperance and General Provident Institution* de l'*United Kingdom Temperance and Géneral Provident Institution* et du *Gresham* que la mortalité des assurés abstinents est inférieure de plus d'un quart à celle des assurés non abstinents.

Voici quelques chiffres relevés par Drysdale. Nous les empruntons à l'*Alcool*, des docteurs Sérieux et Mathieu.

Mortalité des assurés sur la vie de la Compagnie le *Spectre*, pendant les années 1884 à 1889 :

Section des abstinents. Nombre des morts calculées 249. Nombre des morts effectives 143. Différence, 106 ou 42, 58 °/₀.

Section générale (tempérants et buveurs). Nombre des morts calculées 569. Nombre des morts effectives 434. Différence 135 ou 23.73 °/₀.

Ainsi chez les tempérants et buveurs, la mortalité effective représente les 76.27 °/₀ de la mortalité calculée ; chez les abstinents la proportion des décès n'est que de 57.42 °/₀.

« Notons, disent les auteurs précités, que le *Spectre* assure surtout des pasteurs et des personnes religieuses et que, par conséquent, la section générale contient presque exclusivement des tempérants.

« Mortalité des assurés sur la vie de la Compagnie *Temperance and General Provident Institution*, de 1866 à 1881 :

« Section générale. Morts calculées 4.080. Morts effectives 4.014, soit 99 °/₀

« Section des abstinents. Morts calculées 2.418. Morts effectives 1.704, soit 70 °/₀.

« Donc, 29 p. °/₀ de cas de mort de moins chez les abstinents. Aussi certaines compagnies d'assurances anglaises et américaines leur fontelles une réduction de 8, de 20 et même de 25 p. °/₀ ; et encore, sont-ce les sections des assurés abstinents qui alimentent le plus le budget social !

« Une société anglaise d'assurances sur la vie (*United Kingdom Temperance and General Provident Institution*) comprend deux sections: celle des assurés abstinents; celle des non-abstinents (les buveurs et les fils de buveurs sont exclus de cette dernière). Pour les abstinents, les décès attendus étaient de 5.177, les décès constatés ont été de 3.633. Pour les non-abstinents : décès attendus, 7.663 ; décès constatés, 7.459 (Van Coillie). On le voit, dans la section des abstinents, la mortalité est restée fortement au-dessous des prévisions.

« La Compagnie le *Gresham* a établi, après une expérience de vingt années, que la mortalité des abstinents est de 70 p. °/o des décès prévus, celle des non-abstinents de 90 °/o. D'autres statistiques aboutissent à une conclusion à peu près identique, à savoir que la mortalité des abstinents est de 25 p. °/o moindre que celle des non-abstinents (Van Coillie). »

La durée moyenne de l'existence des buveurs même modérés est partout plus courte que celle des abstinents. En Angleterre, la différence est de six ans. 59 °/o des assurés abstinents atteignent l'âge de soixante-cinq ans ; 45.3 °/o seulement des tempérants et buveurs parviennent à cet âge.

Est-il besoin de rappeler ici le rôle joué par l'eau-de-vie dans la destruction des races retardataires de l'Afrique, de l'Amérique et de l'Océanie ? Nous ne le croyons pas.

Sous toutes les latitudes, l'alcool est un grand pourvoyeur de la Mort.

D.

L'action de l'alcool sur la criminalité est indéniable.

« L'homme livré aux excès alcooliques devient sombre, dit le docteur Riant, il prend une humeur singulière, il montre une incohérence caractéristique dans ses idées et dans ses actes, il s'emporte, devient furieux pour une cause insignifiante, il s'effraie sans raison, et alors, colère ou terreur, hallucination ou manie, il frappe, blesse ou tue, sans honte comme sans remords. »

Rien n'est plus vrai.

« Les départements qui figurent au premier rang de la consommation alcoolique sont les mêmes qui figurent au premier rang de la criminalité, dit M. Vanlaer dans son livre l'*Alcoolisme et ses remèdes* (1897). Si l'on excepte les départements qui, par l'importance de leur population flottante, sont exposés à des poursuites et à des condamnations plus nombreuses— comme la Seine, le Rhône, les Bouches-du-Rhône, le Nord, — on constate que la courbe de la criminalité se mesure exactement sur la courbe de l'alcoolisme. Les trois départements de Normandie qui sont les plus grands consommateurs d'alcool, la Seine-Inférieure, le Calvados et l'Eure, comptent près de 80 condamnés pour 1000 habitants. Les trois départements qui ressortissent de la cour d'appel d'Orléans, l'Indre-et-Loire, le Loir-et-Cher, le Loiret, et dont la consommation alcoolique se rapproche de la moyenne, ont un peu moins de 50 condamnés pour 1000 habitants. Les trois départements du ressort de Limoges, Creuse, Corrèze et Haute-Vienne, où l'alcool rencontre le moins de faveur, sont aussi les moins criminels, et n'offrent que 35 condamnés sur 1000 habitants. »

Là où la consommation de l'alcool diminue, la criminalité baisse.

Témoin l'Angleterre, la Norvège, la Suède, etc.

L'Angleterre ne fournit annuellement que 4.8 homicides volontaires par million d'habitants. L'Allemagne compte 8.5 assassins par million d'individus, la France 13, la Belgique 24.1, etc.

Plus de la moitié des condamnés pour coups et blessures, outrages aux mœurs, etc. sont des alcooliques.

Cette proportion n'a rien d'exagéré.

Les chiffres relevés en France, en Allemagne, en Angleterre, en Suisse, etc. nous en fournissent la preuve.

Le docteur Legrain a compté 323 alcooliques sur 500 détenus. Le docteur Lunier estime que le délire alcoolique produit, en France, plus de 80.000 inculpés par an.

« D'une enquête approfondie faite par Marambat, greffier de la prison de Sainte-Pélagie, sur 2.950 détenus, disent les auteurs de l'*Alcool*, il résulte que la proportion des sujets adonnés à l'intempérance était de 72 p. °/₀. En Allemagne, les crimes commis sous l'influence de l'abus des boissons alcooliques figurent dans le total pour 60 p. °/₀. En Angleterre, la proportion est de 42 p. °/₀. Une autre statistique allemande montre que 46 p. °/₀ des détenus ont commis leurs crimes ou leurs délits en état d'ivresse. D'après une statistique suisse de date récente, sur 3.142 crimes contre les personnes, 968 ont l'alcoolisme pour cause immédiate. L'influence de l'alcoolisme sur la criminalité est bien mise en évidence par une statistique de M. Otto Lang qui montre que les jours où la population, à Zurich, se livre habituellement à des libations plus considérables, sont aussi ceux qui voient se produire le plus d'actes délictueux ou criminels. Sur 141 condamnés pour coups et blessures, 60 ont commis leur méfait le dimanche ; 100 ont été condamnés pour actes commis au cours des 157 jours de l'année où la consommation de l'alcool est le plus considérable. Pour les 208 qui restent, il n'y a eu que 41 condamnations, dont 25 ont visé un crime accompli la nuit, ou à l'intérieur d'un débit ou devant une auberge. La proportion des sujets condamnés pour coups et blessures chez lesquels l'alcool est la cause du délit est ainsi de 88.7 p. %. »

L'alcool multiplie donc les actes anti-sociaux.

E.

Le suicide est partout en progrès.

Chaque année accuse un accroissement du nombre des attentats sur soi-même. En France, le chiffre des suicides a passé de 1.739 (moyenne des années 1827-1830) à 9.074 (moyenne de 1891-1893). On comptait 1 suicidé par 18.268 habitants il y a soixante-dix ans. Aujourd'hui, on en relève 1 par 4.229 habitants. Augmentation : 337 %.

L'alcool influe-t-il sur la marche du suicide ? Oui.

Le suicide est fréquent en France, en Allemagne, en Danemark, en Suisse, en Autriche-Hongrie, etc.

L'Allemagne comptait 210 suicides par million d'habitants en 1893, la France 257.

De 1826 à 1890, l'accroissement des suicides a été de 35 % en Danemark, 212 % en Belgique, 238 % en Saxe, 318 % en Autriche, 385 % en France, 411 % en Prusse où la consommation annuelle de l'alcool est de 10 litres par habitant.

L'armée — foyer d'alcoolisation — paye au suicide un tribu deux, trois et même quatre fois plus élevé que le reste de la population.

Les cas de mort volontaire sont plus nombreux chez les sous-officiers que chez les soldats, chez les officiers que chez les sous-officiers.

Chez les sous-officiers de l'armée allemande, le nombre des suicides est deux fois supérieur à celui des hommes de troupe : 114 au lieu de 52 par cent mille hommes.

Dans l'armée italienne, le chiffre des suicides, qui n'est que de 40,7 par cent mille individus pour toute l'armée, atteint 100 chez les sous-officiers.

En France, c'est pis encore. La proportion des

suicides chez les sous-officiers est trois fois plus forte que chez les soldats.

L'alcoolisme mène au suicide. Le fait n'est pas douteux.

« Les suicides manifestement dus à des excès de boissons sont dans la proportion de 40 p. °/₀ en Russie, de 30 p. °/₀ en Angleterre, disent les auteurs de l'*Alcool*. D'après la statistique de Westergaard, en ville, sur 100 suicides, 44 se produisent chez des buveurs avérés. En 1875, cette proportion était de 36 p. °/₀ pour le Danemark et de 26 p. °/₀, en 1884, pour le Wurtemberg. La progression du nombre des suicides d'origine alcoolique est vraiment effrayante. Ainsi dans les départements du Nord, où l'alcoolisme fait des progrès extraordinaires, le nombre de ces suicides a septuplé de 1874 à 1888. »

Le plus grand nombre de cas de suicide se rencontre dans les départements qui boivent le plus d'alcool.

La proportion des suicides dus à l'alcool croît dans tous les pays.

En France, elle était de 5 °/₀ en 1840, 9 °/₀ en 1865, 11 °/₀ en 1891...

L'alcool détruit l'amour de la Vie. Sus à l'alcool !

F.

La folie fait d'incessants progrès chez tous les peuples civilisés.

Le nombre des fous s'est accru, en Europe, de plus de 71 % au cours de la période 1859-1897. Il y avait un aliéné par 535 habitants il y a quarante ans. On trouve aujourd'hui un fou par 312 individus.

En France, le nombre des aliénés a plus que quintuplé de 1835 à 1895. On comptait 11.524 aliénés ou 1 par 2.924 habitants en 1835-1839, 16.811 en 1840-1849, 24.362 en 1850-1859, 34.061 en 1860-1869, 42.566 en 1871-1880, 52.308 en 1881-1890, 58.166 ou 1 par 659 habitants en 1891-1895... Chez nous, comme partout ailleurs du reste, bon nombre de déments échappent à la statistique. Notre pays compte donc, au bas mot, de 70.000 à 80.000 aliénés.

« L'alcool déprime les facultés intellectuelles, dit le docteur Riant. La folie est l'aboutissant des excès alcooliques chez un grand nombre d'individus. Une triste démonstration en est fournie à mesure que la consommation de l'alcool s'étend. Le Dr Jolly a constaté que dans les départements du Nord la proportion des cas de folie s'est accrue de 9 à 22 % chez les hommes et de 2 à 4 % chez les femmes. En Angleterre, la moitié des aliénés se rencontre parmi les buveurs. En France, il résulte des observations des médecins aliénistes, Esquirol, Morel, Motet, Parchappe, etc., que, sur 100 cas d'aliénation mentale, il y en a 18 qui proviennent des excès alcooliques : un cinquième. »

« L'accroissement considérable de la folie n'a pas de cause plus active que les progrès de l'alcoolisme, disent Sérieux et Mathieu. Le nombre des aliénés que les boissons spiritueuses amènent dans les asiles a quintuplé depuis vingt ans. En quatre années (1890-1893), le nombre des malades entrés à l'asile Sainte-Anne pour les troubles intellectuels d'origine alcoolique a été de 2.796. Dans ce même asile, la proportion des entrées pour alcoolisme a été pour 1891 de 27,49 p. % pour les hommes et de 8,62 p. % pour les femmes. En 1892, les proportions étaient pour les hommes de 30,31 p. %, et pour les femmes de 8,23 p. % (Magnan). D'après le Dr Paul Garnier, la moyenne annuelle (sur trois années) des cas de folie alcoolique recueillis à l'infirmerie spéciale du Dépôt de la Préfecture de Police s'élevait, il y a vingt ans, à 367 (sexes réunis). Quinze ans plus tard, cette moyenne était de 729, c'est-à-dire que dans cet intervalle elle avait doublé. »

Le nombre des fous alcooliques atteint son maximum dans les régions qui consomment le plus de spiritueux.

Notre pays compte 20.000 aliénés alcooliques, soit le quart du nombre total des fous. Cette moyenne est dépassée dans les départements qui consomment beaucoup d'alcool. Elle s'élève à 40 % dans la Seine-Inférieure, à 33 % dans la Seine...

La France n'est pas le seul pays où la folie s'étend parallèlement à l'usage de l'alcool.

Depuis 1871, c'est-à-dire depuis un quart de siècle, le nombre des aliénés et des idiots a augmenté dans la proportion de 58 % dans les parties de l'Allemagne qui consomment le plus d'alcool : Prusse, Bavière, Saxe, Wurtemberg, Hesse et Oldenbourg.

L'idiotie est commune en Norvège et en Suède. Ces pays consommaient, il y a un demi-siècle, 16 et 23 litres d'alcool pur par tête et par an.

L'alcool ne crée donc pas que des aliénés. Il produit aussi des imbéciles, des idiots, etc.

Parmi ces infirmes, combien peuvent se livrer à un travail productif ? Bien peu.

On sait ce que coûte l'entretien des fous. On

ignore ce qu'absorbent de richesse les alcooliques et les fils d'alcooliques que la faiblesse de corps et d'esprit tient éloigné de l'atelier, de la mine et du champ.

IV

Un peuple qui s'alcoolise et qui, par suite, fait souche de dégénérés, d'idiots, d'épileptiques, d'aliénés, est un peuple en voie de disparaître.

Dr. Legrain.

L'alcool, nous l'avons vu, est l'ennemi de la Vie.

Il débilite l'individu.

Il affaiblit aussi la race.

Un peuple qui s'alcoolise ne tarde pas à présenter les symptômes de la dégénérescence physique, intellectuelle et morale.

Des races entières ont succombé sous l'influence des spiritueux. L'eau-de-vie tue le Peau-Rouge, l'Australien.... Le tafia prépare au Noir une fin identique. Les boissons distillées ont abâtardi l'Arabe, l'Indou, le Chinois... Allons-nous leur laisser tuer ce qu'il y a de plus précieux en nous : l'énergie, le courage, la volonté ?

Le Socialisme est assez puissant pour lutter contre l'alcool et en triompher.

Nulle victoire ne sera plus profitable à la cause du Progrès et de la Civilisation.

Le buveur est un malade. Peut-il procréer des êtres sains et bien constitués ? Non.

La descendance des alcooliques est faible, malformée, maladive, vicieuse, etc.

Nous avons déjà signalé les expériences d'alcoolisation animale de Féré, Mairet et Combemale.

Féré éthérisa et alcoolisa les embryons contenus dans des œufs de poule couvés artificiellement.

Mairet et Combemale soumirent une « chienne vigoureuse, intelligente » à une intoxication aiguë par l'absinthe pendant les trois dernières semaines de la gestation.

Les résultats sont accablants pour l'alcool et l'absinthe.

Les vapeurs d'alcool ont produit un retard dans l'évolution de l'embryon et des anomalies nombreuses. « Ces constatations concordent, du reste, parfaitement avec ce qu'on observe chez les animaux supérieurs et même chez l'Homme dans l'alcoolisme, dit Féré. Elles prouvent que les avortements et les stigmates, si fréquents dans cette intoxication, tiennent non seulement à l'influence nocive et prolongée de l'alcool sur les générateurs, mais aussi à l'action directe de la substance toxique sur l'embryon. »

Chez la chienne de Mairet et Combemale, que voyons-nous ? Une mortalité effrayante et une descendance dégénérée. « Elle donne naissance à six petits dont trois mort-nés, disent les auteurs de *l'Alcool* ; deux des trois qui restent sont bien développés physiquement, mais peu intelligents; le dernier — une chienne — a une croissance difficile, des défectuosités intellectuelles et une obtusion considérable de l'odorat. Cette chienne est accouplée à un chien vigoureux et intelligent, sans avoir été elle-même soumise à une intoxication alcoolique. Elle met bas trois chiens dont l'un offre des vices de conformation nombreux (pied bot, gueule-de-loup, etc.), dont un autre meurt rapidement et chez lequel on constate une malformation du cœur ; le troisième est atteint du carreau et d'atrophie du train postérieur. »

L'alcool est-il moins nuisible à la descendance de l'Homme ?

Voyons les faits.

« Les descendants des alcooliques de la première génération sont des dégénérés qui sont souvent convulsivants, buveurs et deviennent tuberculeux en forte proportion, dit le docteur C. Debierre. Ceux de la deuxième génération se distinguent par les naissances avant terme, la mortinatalité, la mortalité précose, la misère physiologique, l'épilepsie, la folie. Ceux de la troisième génération ont une forte proportion d'imbéciles, d'idiots. Finalement, comme tare ultime, l'alcoolisme produit aussi la stérilité. »

Le docteur Bourneville constate que, sur 1000 enfants idiots, épileptiques et arriérés entrés à Bicêtre au cours des années 1880 à 1890, ou plutôt sur 829 (car les renseignements font défaut sur 171 enfants), 620 ou 75 °/₀ étaient issus de parents alcooliques. L'alcoolisme avait été relevé pour 471 d'entre eux chez le père, pour 84 chez la mère et pour 65 chez le père et la mère.

« Le docteur Jean Demoor, dit Vandervelde, écartant les enfants d'alcooliques qui sont idiots, imbéciles, etc., et se bornant à examiner des enfants qui paraissaient normaux, constate que l'immense majorité d'entre eux présentent les stigmates de la dégénérescence. » Sur 77 enfants examinés (33 garçons et 44 filles) 9 seulement furent trouvés normaux, soit moins de 12 °/₀.

Le docteur Demme a examiné la descendance de dix familles de buveurs et l'a comparée à celle de dix familles sobres. Les familles sobres ont fourni 61 enfants dont 50 sains, soit 82 %, 5 morts en bas-âge et 6 anormaux. Les familles d'alcoolisés avaient produit 57 enfants dont 9 seulement, soit moins de 16 % étaient sains. Par contre, le nombre des morts en bas-âge s'élevait à 12 et celui des sourds-muets, idiots, épileptiques, difformes, nains, etc. à 36.

« Une autre statistique nous montre, disent les docteurs Sérieux et Mathieu, que, sur 300 idiots, 145 ont pour parents des buveurs d'habitude. Le Dr Legrain a dressé la statistique de 215 familles d'alcooliques suivies pendant deux, trois et même quatre générations (1). Sur 814 descendants de ces familles, il a trouvé 37 naissances avant terme, 16 mort-nés, 121 mortalités précoces (beaucoup par convulsions), 33 cas de débilité physique, 55 cas de tuberculose et 145 cas d'aliénation mentale. L'autre moitié comprenait un grand nombre de déséquilibrés, d'arriérés, d'épileptiques et d'hystériques. Enfin, tous les médecins ont observé des cas dans lesquels les

(1) Voici l'une de ses observations. « Le père est un alcoolique à l'ivresse méchante ; la mère, une déséquilibrée, fille d'un ivrogne. Neuf enfants. Première fille : convulsions infantiles. Deuxième fille : convulsions infantiles. Premier fils: méningite, convulsions. Troisième fille: convulsions. Second fils : convulsions infantiles ; à quinze ans, première attaque d'épilepsie, vertiges fréquents ; il entre trois fois à Sainte-Anne pour des troubles délirants consécutifs à des attaques épileptiques. Quatrième fille: méningite, convulsions. Cinquième fille: méningite, convulsions. Sixième fille ; venue avant terme. Troisième fils: développement tardif, débile, vicieux. »

parents ayant d'abord donné naissance à plusieurs enfants bien portants et bien conformés, n'en ont plus vu naître que de chétifs ou d'idiots à partir du jour où l'un des conjoints s'est adonné à la boisson. « L'ivrogne, disait déjà Plutarque, « n'engendre rien qui vaille. » Traitant de la descendance des ivrognes, Cruveilhier dit : « A la « première génération apparaissent l'immoralité, « la dépravation, les excès alcooliques et l'abru- « tissement moral ; à la deuxième, l'ivrognerie « héréditaire, les accès maniaques et la paralysie « générale ; à la troisième, les tendances hypo- « condriaques, la lypémanie et les tendances « homicides ; à la quatrième enfin, l'intelligence « est peu développée, et l'enfant, stupide ou idiot « et dégradé, n'arrive pas à l'état adulte, et la « race s'éteint. » Darvin exprime une opinion identique. Les géographes, d'autre part, ont noté que les nombreuses peuplades d'Afrique sont en train de disparaître empoisonnées par les spiritueux des trafiquants européens. Ce sont là de véritables expériences qui montrent d'une façon saisissante avec quelle rapidité un peuple entier est tué par l'alcool. Les statisticiens nous apprennent que dans certains de nos départements, l'Orne, par exemple, les cantons où l'on boit le plus d'eau-de-vie sont aussi ceux où la taille est le plus abaissée ; à tel point même, que, dans certains, le recrutement des jeunes conscrits a été presque impossible. Aristote, il y a vingt-trois siècles, remarquait que les enfants des buveurs deviennent souvent des ivrognes. Ce fait est éloquemment traduit par les chiffres que nous fournit le Dr Legrain : sur 119 cas d'alcoolisme, il a rencontré 63 fois l'hérédité similaire. »

L'alcoolisme, avons-nous dit, produit la stérilité (1).

« Chez un grand nombre d'ivrognes mariés, dit le docteur Stark, j'ai pu constater le chiffre de leur descendance et j'ai été à même de confirmer dans quelle grande mesure la fécondité dans les mariages est restreinte par l'abus des boissons. Plus de la cinquième partie de ceux-ci sont restés stériles, mais en général la moyenne des enfants nés dans ces mariages n'était que de 2,6. Si on décomptait les enfants mort-nés et ceux qui sont morts peu après leur naissance, cette moyenne ne serait que de 1,2, chiffre extrêmement bas. »

Les départements normands, grands consom-

(1) L'alcool est-il, comme on l'a prétendu, un excitant génésique? Nous ne le croyons pas. Quant à la fécondité de certains alcooliques, elle s'explique comme celle des poitrinaires et de tous ceux qui ne peuvent laisser qu'une descendance chétive et affectée de maladies héréditaires. La Nature travaille toujours en vue de combler les vides que la mort pourrait causer.

mateurs d'alcool (1), ont perdu depuis 1851 : la Manche 114.280 habitants, l'Orne 103.070 h., l'Eure 76.344 h., le Calvados 75.522 h. La Seine-Inférieure accuse seule une légère augmentation.

Ce que la guerre, la peste et le choléra réunis n'auraient pu faire en plusieurs siècles, l'alcool l'a accompli en moins de cinquante ans.

L'alcool — comme tous les autres poisons — agit avec force sur les organismes épuisés ou naturellement faibles.

L'homme adulte peut lui offrir quelque résistance.

La femme n'est pas dans le même cas.

Aussi l'alcoolisme est-il fréquent chez les ivrognesses.

Chez la femme comme chez l'homme, l'usage des boissons alcooliques peut déterminer la folie l'hystérie, l'épilepsie, l'albuminerie, la dyspepsie, la gastrite, la cirrhose, la pneumonie, l'hydropisie, etc.

Il produit aussi : la stérilité, la mortinatalité (2),

---

(1) La consommation moyenne d'alcool par a été en 1897-1898 de 13 litres 11 par habitant dans la Seine-Inférieure, 12 l. 98 dans le Calvados, 11 l. 76 dans l'Eure, 8 l. 29 dans la Manche et 7 l. 35 dans l'Orne.

(2) Phénomène inexplicable si on se refuse à l'attribuer à l'alcoolisme et au surmenage de la femme enceinte, la mortinatalité augmente d'année en année dans une proportion alarmante. Le nombre des naissances vivantes est tombé de 939.799 (moyenne des années 1851-

la surmortalité des nouveau-nés (1), l'infantilisme, etc.

En Normandie, par exemple, le chiffre des décès l'emporte, chaque année, sur celui des naissances. Durant la période 1895-1898, l'excédent annuel des décès a été, en moyenne, de 2.111 dans l'Orne, de 1.534 dans l'Eure, de 1.333 dans le Calvados et de 518 dans la Manche. Il n'y eut d'excédent de naissances que dans la Seine-Inférieure.

L'enfant issu d'ivrognes meurt souvent en bas-âge.

« On peut affirmer que sur 100 enfants qui naissent à Rouen, dit R. Brunon, il y en a 33 qui mourront infailliblement dans la première année. Ce qui frappe l'esprit tout autant que le taux incroyable de la mortalité, c'est l'inutilité des efforts faits pour l'abaisser. »

La plupart des fils d'alcooliques sont affectés d'infirmités les rendant impropres au service militaire.

1855) à 856.100 (moyenne de 1896-1898). Celui des mort-nés est monté de 38.266 à 41.369 durant la même période. En moins d'un demi-siècle, notre mortinatalité a donc crû de 18,67 o/o.

(1) Notre mortalité infantile — qui devrait baisser considérablement puisque notre natalité diminue — est, au contraire, en voie d'accroissement depuis le milieu du dix-neuvième siècle. La mortalité des enfants au-dessous d'un an a été de 16 o/o en 1840-1849, 17,2 o/o en 1850-1859, 17,5 o/o en 1860-1869, 17,3 o/o en 1870-1879, 17,8 o/o en 1880-1889, 17,9 en 1895, etc. Ainsi, pendant que notre fécondité décroissait de 18 o/o, la mortalité de nos enfants de moins d'un an augmentait de 12 o/o. La gravité d'un tel état de choses n'a pas besoin d'être démontrée.

Les départements normands, par exemple, fournissent une proportion élevée de conscrits exonérés du service militaire pour insuffisance de taille, malformations, faiblesse de complexion, maladies diverses, etc. La moyenne des réformés pour la France entière fut, en 1897, de 8,2 °/₀ des inscrits. Elle atteignit 14 °/₀ dans la Seine-Inférieure, 12,6 °/₀ dans la Manche, 9,7 dans l'Eure, 9,4 dans le Calvados...

L'alcoolisme est une maladie enfantée par l'exploitation de l'Homme par l'Homme. Elle ne pourra disparaître qu'avec elle.

« L'alcoolisme chez la femme entraîne des conséquences sociales particulièrement graves, disent les auteurs de l'*Alcool*. Les habitudes de boisson sont en effet pour elle une cause de stérilité ; elles favorisent les interruptions de la grossesse, peuvent entraver le développement du fœtus, compromettre la nutrition de l'enfant à la mamelle en viciant la qualité du lait, et parfois même déterminer ainsi chez les nourrissons des convulsions mortelles. »

La Bourgeoisie a jeté la femme à l'atelier. N'est-ce-pas lui rendre obligatoire la fréquentation du cabaret ?

L'enfant n'a pas été mieux traité.

Les bagnes capitalistes l'ont pris. Les débits d'alcool l'ont également accaparé.

Chaque jour voit augmenter le nombre des jeunes garçons et des jeunes filles condamnés à absorber les pires breuvages : eau-de-vie, genièvre, rhum, bitter, etc.

Les enfants eux-mêmes n'échappent pas à l'intoxication alcoolique.

Il n'en saurait être autrement.

L'homme et la femme fréquentent le cabaret. L'enfant peut-il rester seul au logis ? Ce n'est pas possible. Il suit ses père et mère et — souventes fois — boit comme eux.

Des parents abrutis par la misère, l'excès de travail et l'abus de l'alcool tuent aussi — inconsciemment — leur progéniture.

Hébrard, sur 51 cas de cirrhose infantile en a trouvé 7 dus aux spiritueux.

L'homme croit pouvoir faire des économies de nourriture en buvant force « gouttes » des plus détestables alcools (1). Il se persuade —

---

(1) La valeur nutritive des boissons distillées est nulle. Celle des boissons fermentées est bien faible. Ainsi, un litre de bière — prix minimum 25 centimes — ne nourrit pas plus qu'un centime et demi de pain. Perte pour le budget alimentaire du disciple de Gambrinus : 94 o/o. La valeur nutritive du vin, du cidre, du poiré, du cormé, etc. est encore plus petite. — L'alcool, ne l'oublions pas, ralentit la digestion lorsqu'il ne la détruit pas, ce qui arrive pour les aliments azotés, (viande, fromage, poisson, œuf, etc.) lorsque la boisson contient 15 o/o d'alcool et pour les aliments carbonés (pain, légume, fruit, pomme de terre, etc.) lorsqu'elle en renferme 22 o/o.

l'insensé ! — que ce qui est *bon* pour lui l'est aussi pour ses enfants.

« Beaucoup de parents font boire de l'eau-de-vie à leurs enfants pour tromper la faim qui les torture, dit la *Presse*, de Vienne (Autriche). Les écoles reçoivent ainsi un grand nombre d'enfants hébétés par l'ivresse. »

La folie guette l'enfance intempérante.

A Munich, les docteurs Westphal et Reich ont relevé de nombreux cas d'enfants atteints de démence à la suite d'ingestion de spiritueux.

L'alcoolisation de l'enfance ouvrière est un crime social qui légitime toutes les révoltes.

L'Humanité ne saurait le laisser impuni sans trahir la confiance du Progrès.

V

L'alcool détruit la richesse.

D. D.

L'alcool ruine les organismes. Il ruine aussi les sociétés.

S'il enrichit çà et là quelques milliers d'exploiteurs, s'il fournit aux gouvernements d'abondantes ressources, s'il assure le vivre à de nombreux commerçants, n'est-ce pas aux dépens de la richesse publique ?

L'argent consacré à l'achat des liqueurs spiritueuses est un argent perdu.

Chaque année, plus de 10 milliards sont dépensés en liqueurs fortes par les quatre grands fiefs du Capital qui ont nom : les Etats-Unis, l'Angleterre, l'Allemagne et la France.

Des Etats de moindre importance, comme la Belgique, la Hollande, la Suède, le Danemark, etc., payent également fort cher le plaisir de s'alcooliser.

Le docteur Legrain fixe à 1 milliard 750 millions la somme annuellement consacrée à l'acquisition du pain sur notre planète et à environ 12 milliards (chiffre assurément trop faible) celle employée à l'achat des boissons spiritueuses. L'alcool, produit nuisible, occasionne donc une dépense sept fois plus élevée que le pain, denrée alimentaire de premier ordre. Triste !

Le docteur Jules Rochard évalue pour la France à plus d'un milliard et demi les pertes causées par l'usage de l'eau-de-vie, du genièvre, de l'absinthe, du rhum, etc. C'est, en effet, à 1 milliard 340 millions que l'on peut estimer l'importance des journées de travail perdues par suite d'ivresse ; les frais de traitement des buveurs et l'assistance de leur famille s'élèvent à 71 millions, les suicides et les morts accidentelles causent un préjudice estimé 2 millions, la réception et l'entretien des aliénés alcooliques coûtent 3 millions, les frais de répression des crimes nés de l'alcoolisme se montent à 9 millions, etc.

En face de pareils chiffres, l'indifférence ne se comprend pas.

Quiconque tient une plume, sait aborder une tribune ou détient un lambeau de la souveraineté populaire doit travailler à modifier un semblable état de choses.

CHAPITRE IV

LES CAUSES DE L'ALCOOLISME

I. L'Inégalité sociale. — II. Les Causes de l'Ivrognerie : A. Insuffisance d'Alimentation : A. Manque partiel de Vivres ; B. Mauvaise Qualité des Aliments ; B. Excès de Travail : A. Excès en Durée ; B. Excès en Intensité ; C. Conditions défectueuses dans lesquelles le Travail est exécuté : A. Intoxications professionnelles ; B. Exposition aux Intempéries ; C. Travaux nocturnes ; D. Privation de Bonheur : A. Manque de Liberté, Repos, Bien-Être, Savoir, etc. ; B. Absence de Joies familiales ; C. Insécurité sociale, Isolement, Antagonismes des Individus et des Classes ; D. Stérilité de l'Existence ; E. Impuissance individuelle : A. Impuissance naturelle ; B. Impuissance économique ; C. Impuissance politique. — III. Ivrognerie et Servitude.

I

> Tout ce qui accroît l'inégalité sociale développe l'ivrognerie.
>
> *D. D.*

L'Humanité pouvait-elle atteindre le degré de civilisation que nous lui connaissons aujourd'hui sans se scinder en classes d'inégale puissance économique et politique ?

Cela est peu probable.

Dans l'ordre physiologique, la division du travail a créé les sexes.

Dans l'ordre économique, elle a créé les classes.

La division de la Société en dirigeants et en dirigés, en propriétaires et en prolétaires paraît donc avoir été inévitable.

La variété des tâches à accomplir, la diversité des aptitudes individuelles, la rareté du vivre, le besoin de le rationner afin de n'en pas manquer aux mauvais jours, le désir de perfectionner les moyens de produire et d'autres causes encore contribuèrent à introduire l'inégalité au sein des agglomérations humaines.

Les classes maîtresses du pouvoir économique, religieux et politique, au lieu de faire bénéfier la masse asservie des richesses à la production desquelles elle avait puisamment contribué, usèrent de tous les moyens en leur pouvoir pour les soumettre à un joug sans cesse plus pesant.

Plus se restreignit l'utilité des castes guerrières, sacerdotales et propriétaires, plus elles accaparèrent de puissance économique, religieuse et politique.

De bonne heure, la division de la société en maîtres et en esclaves enfanta des révoltes.

Les premières guerres sociales sont antérieures à l'Histoire.

Les efforts tentés par les révolutionnaires de tous les temps n'ont pas été stériles.

Sans doute, aucune transformation radicale de la Société ne s'est encore effectuée, mais que d'institutions ont été modifiées. Les classes possédantes bénéficient toujours du travail des masses populaires, des progrès de l'industrie, de l'agriculture et des moyens de transport : l'art, la science, la littérature, etc. n'existent guère encore que pour elles, mais déjà le savoir pénètre une élite de prolétaires et le choix des législateurs politiques est abandonné à l'universalité des citoyens. Le char social est toujours dirigé par les propriétaires et par leurs valets, mais l'idée qu'il peut — et doit — passer en d'autres mains se propage activement.

Le besoin de jouir, de posséder d'immenses richesses, les classes parasites l'ont de tout temps ressenti.

Actuellement, il n'est peut-être point de jour qui ne soit marqué par la naissance d'une invention appelée à accroître la production industrielle ou agricole.

Tout l'effort de la gent propriétaire est dirigé vers ce but : augmenter le rendement de l'exploitation des travailleurs.

A ce régime, le prolétaire s'épuise, mais ses appétits se développent. Il sent naître en lui des besoins nouveaux. Il jette sur la richesse un regard d'envie. Il la désire. Il la veut. Lui seul en est privé. Est-ce juste ?

Le droit pour le travailleur de disposer du produit de sa main et de son cerveau n'est plus contesté par aucun ouvrier intelligent.

La classe détentrice des instruments de production — la Bourgeoisie — n'a pas seulement arraché du peuple des moyens de jouissances inconnus des siècles les plus prospères de l'antiquité, elle a aussi répandu le goût du bien-être dans les couches sociales qui en étaient privées.

Le prolétaire — nouveau Tantale — souffre autant du spectacle que lui offrent ses maîtres que de sa propre misère.

Cette situation est intolérable — et elle s'aggrave de jour en jour.

L'ouvrier de notre temps coûte peut-être un peu plus au parasite que son frère du moyen-âge ne coûtait à son seigneur et l'esclave antique à son maître, mais quel changement s'est opéré dans les mœurs et aussi dans les conditions du travail depuis le siècle de Périclès ou la Renaissance !

Les artisans de l'époque féodale, disséminés dans les petites villes — toutes les villes alors étaient petites (1), — dans les bourgs et dans les villages remplissaient leur tâche avec lenteur, ce qui n'a plus lieu de nos jours, surtout dans les industries où la machine fait une partie de la besogne et oblige le travailleur à se mouvoir aussi vite qu'elle.

Il n'existait alors ni houillères, ni usines, ni fabriques... A cette heure, des milliers de nos concitoyens y respirent la mort à pleins poumons. Les accidents de travail étaient presque inconnus, ainsi que les maladies professionnelles qui font de nos jours tant de victimes.

L'immense majorité de la population du reste réclamait au sol ses moyens d'existence, fait assez rare actuellement.

Les pays qui marchent à la tête de la Civilisation voient leurs campagnes se dépeupler.

Dans presque toutes les nations de l'Europe centrale et occidentale, l'agriculture occupe moins des deux tiers de la population (2). Cette

(1) En 1801, date du premier recensement officiel, Paris comptait 546.856 habitants, Lyon 109.500 h., Marseille 111.130 h., Bordeaux 90.992 h., Lille 54.756 h., Toulouse 50.171 h., Rouen 87.000 h., Nantes 73 879 h., Reims 20.295 h., Saint-Etienne 16.259 h., Le Hâvre 16.000 h. La population des autres villes était insignifiante.

(2) Il en est de même dans les autres contrées civilisées du globe. Aux Etats-Unis, en 1820, la population agricole était six fois plus nombreuse que la population industrielle. Cette proportion est tombée à quatre fois et demie en 1840, deux fois deux cinquièmes en 1870, une fois et demie en 1890...

proportion descend même à un tiers et au-dessous pour quelques-unes. Elle est de un huitième pour la Grande-Bretagne. Sur 1000 personnes occupées, on trouve encore : en Hongrie 672 agriculteurs, en Italie 626 et en Autriche 598. L'Allemagne n'en compte que 467, la France 463, la Suisse 459, l'Irlande 411, la Belgique 294, l'Ecosse 142 et l'Angleterre (Pays de Galles compris) 115.

Nul siècle ne fut plus riche que le nôtre. Le vivre abonde. Les moyens de le créer se multiplient et se perfectionnent tous les jours. La famine qui décima nos populations agricoles dans les siècles passés n'existe plus. Tout est produit à cette heure en quantité plus que suffisante pour assurer à chacun le manger, le boire, l'abri, le vêtement, le chauffage, l'éclairage, etc. Le savoir ne manque pas non plus. La science a fait depuis cent ans des progrès gigantesques. L'art n'est pas resté stationnaire. Il a évolué comme le reste. Rien ne manque aujourd'hui à notre Société si ce n'est la Justice.

Pendant qu'une minorité composée des moins utiles et des moins dignes gaspille des amas de richesse, s'amollit et se corrompt dans l'oisiveté et les plaisirs faciles, la masse rivée à la galère du travail le plus lourd croupit toujours dans la misère et l'ignorance.

L'homme du peuple — séparé des siens par le progrès industriel, enlevé à sa famille et condamné au labeur ingrat de la mine ou du chantier, de la fabrique ou du comptoir, privé des joies du foyer et de la société — est devenu un sauvage au sein de notre Civilisation. Sa passion pour l'alcool s'explique comme celle du Peau-Rouge ou de l'Australien. Il vit au milieu d'un monde étranger, hostile à son développement physique et moral. Rien ne le fixe au sol. Rien ne l'attache aux richesses qui le recouvrent. Rien ne lui fait aimer la Civilisation.

La situation faite à l'ouvrier moderne ne diffère pas de celle que la Civilisation a créée aux sauvages dont l'eau-de-vie est devenue la boisson favorite.

Les causes de l'ivrognerie paraissent nombreuses. Il suffit de les analyser pour se convaincre qu'il est possible de les réduire à une seule : l'inégalité sociale.

Le prolétaire boit parce qu'il est prolétaire, c'est-à-dire parce qu'il est dépouillé d'une partie du fruit de son labeur.

Son organisme s'est développé dans un milieu riche en bien-être (nourriture, vêtement, abri, science, art, joies familiales et sociales, etc.) Jouir des bienfaits de la Civilisation est un besoin pour le civilisé, fut-il le plus indolent des hommes. Sa situation a pu s'améliorer au cours du dix-neuvième siècle. Elle n'a pas progressé avec la richesse. Le prolétaire contemporain a peut-être deux ou trois fois plus de moyens d'existence que son frère de l'époque romaine, mais il contente moins bien que lui ses appétits physiques et intellectuels.

Jamais, chez les hommes du peuple, la somme des besoins non satisfaits n'a été aussi élevée que de nos jours. On peut donc dire qu'à aucune époque de l'Histoire la misère prolétarienne n'a été aussi grande qu'à présent.

Le manque du nécessaire produit la souffrance. Et la souffrance fait naître le besoin de s'enivrer.

La souffrance, telle est bien, en effet, la cause première du mal que nous voulons détruire.

Où prend-elle sa source ?

Dans l'exploitation de l'Homme par l'Homme.

II

> L'ivrognerie disparaîtra avec l'exploitation de l'Homme par l'Homme.
>
> D. D.

L'insuffisance d'alimentation, l'excès de travail, les conditions défectueuses dans lesquelles il est exécuté, la privation de bonheur, l'impuissance individuelle, etc. sont des effets de l'exploitation de l'Homme par l'Homme.

Chacun d'eux incite à boire de l'alcool.

A. — Insuffisance d'Alimentation

A. *Manque partiel de Vivres. — Mauvaise Qualité des Aliments*

La ration alimentaire du travailleur est insuffisante.

L'ouvrier n'a pas assez d'une nourriture qui est falsifiée ou trop peu nutritive.

Le salaire est réduit au minimum indispensable dans les rares professions qui ne connaissent pas le chômage. Ce minimum n'est pas atteint dans les professions qui comptent des sans-travail.

La faim existe à l'état chronique dans les familles prolétariennes.

Les aliments consommés par le pauvre sont

rarement de bonne qualité. Les neuf dixièmes des denrées destinées aux classes laborieuses sont avariées ou falsifiées.

Une alimentation défectueuse débilite, crée des besoins factices, fait rechercher l'alcool.

B. — Excès de Travail

A. *Excès en Durée.* — B. *Excès en Intensité*

« Le travail fourni par le salarié, dit Bonnier, n'est pas égal au rendement normal d'un ouvrier sain, il le dépasse de beaucoup. Le travail n'est pas la rente de la santé ; il n'est pas fait de ce qu'un organisme en bon état physiologique peut dépenser sans que le capital soit entamé. On sait qu'un homme bien portant et solide a dépensé en neuf heures de travail plus d'oxygène que la respiration ne pourra lui en rendre jusqu'au lendemain. Chaque jour de travail est donc pris, non sur les forces réparées et relevées au taux normal par la respiration, l'alimentation et le repos, mais il entame plus profondément ce capital vital déjà compromis par la fatigue de la veille. »

L'ouvrier travaille trop pour se bien porter. Il lui faut, pour accomplir sa tâche quotidienne, une somme de force qu'il ne possède pas.

Le voilà donc à la recherche d'un supplément de force.

Trompé par les apparences, il croit le trouver dans l'alcool (1).

Et il en absorbe.

C. — Conditions défectueuses dans lesquelles le Travail est exécuté

A. *Intoxications professionnelles.* — B. *Exposition aux Intempéries.* — C. *Travaux nocturnes*

L'ouvrier respire des gaz toujours dangereux.

---

(1) L'alcool n'est pas nutritif. Il ne crée donc aucune force. « S'il a l'air de stimuler l'organisme déprimé, affaibli, dit J. FREEMAN, c'est par une sorte d'autophagie, l'économie se soutenant au détriment de ses ressources, consommant sa propre substance. » — « Les spiritueux ne sont pas des aliments, dit LEGRAIN. Un aliment est une substance qui, introduite dans notre tube digestif, est capable, après certaines transformations qui sont l'œuvre de la digestion, de s'introduire dans notre organisme pour s'identifier à lui et réparer ses pertes. L'alcool ne répond pas à cette définition. Il ne renferme pas l'ombre d'une particule alimentaire. » Voici, d'après HANUS, la richesse en azote, en hydrate de carbone et en graisse des principales denrées alimentaires :

Aliments		*Azote*	*Hydrate de carbone*	*Graisse*
Fromages		33 o/o	2 o/o	23.5 o/o
Légumineuses (lentilles, haricots, pois)		22.5	55.5	0
Viande	bœuf	19.5	1.7	4
	volaille	19	1	2
	porc	17.5	1.2	6.5
	veau	17	1.6	2.5
	mouton	16	1,7	4
Poissons, mollusques et crustacés		16.5	0 { anguille	23
			carpe	3
Œufs		12.5	0	12
Pain	de froment	6	51	0
	de seigle	6	48	0
Riz		2.5	76	1
Fruits secs		2	55.5	0
Pommes de terre		1.85	21	0.1
Lait de vache		3.25	5.5	4
Bière		*0.5*	*5.5*	*0*
Vin (Bordeaux)		*0.1*	*5.5*	*0*
ALCOOL		**0**	**0**	**0**

Nous appelons sur ce tableau l'attention des consommateurs d'alcool.

Les uns l'affaiblissent, le rendent malade et finissent par le tuer. Les autres le déforment, lui enlèvent la cloison du nez, les dents, les machoires, etc.

L'ouvrier absorbe des poussières minérales et végétales. Mineur, tailleur de pierre, cotonnier, plumassier, etc., il meurt souvent asthmatique ou phtisique.

L'ouvrier est condamné à endurer des chaleurs suffocantes dans certaines industries : fonderie, verrerie, etc.

Le travail en plein air expose à des intempéries. La pluie, la neige, la gelée en hiver, un soleil de feu en été, débilitent les meilleures constitutions et sont la cause d'une foule de maladies.

Le travail de nuit exige aussi une dépense de force plus considérable que le travail de jour. Le repos diurne, tout le monde le sait, est peu réparateur. Il mine en peu de temps les plus robustes santés.

L'ouvrier boit pour résister à l'action des gaz exhalés par les matières minérales et végétales au cours de leurs manipulations et transformations industrielles. Il boit pour faire passer les poussières dont l'atmosphère des mines, ateliers et fabriques est surchargée. Il boit pour étancher la soif acquise à la forge. Il boit pour résister à l'action du froid. Il boit pour se donner les forces que la nourriture et le sommeil auraient fournies s'ils avaient été suffisants...

L'alcool obvie à tous les inconvénients, adoucit tous les maux, supplée à tout.

S'il finit par creuser la tombe de son homme, tant pis. Un autre le remplacera. Est-il besoin d'ajouter qu'il aura le même sort ?

Comme le Minotaure de la Fable, le Capital a l'appétit vorace. Il ne songe même pas à compter ses victimes.

D. — Privation de Bonheur

A. *Manque de Liberté, Repos, Bien-Être, Savoir, etc.* B. *Absence de Joies familiales.* — C. *Insécurité sociale, Isolement, Antagonismes des Individus et des Classes.* — D. *Stérilité de l'Existence.*

« Le travail, c'est la liberté », dit-on. Est-ce bien exact ?

Sans doute, le travail crée un produit qui arme l'Homme contre la Nature, lui donne force, loisir, sécurité, indépendance, c'est-à-dire liberté. Mais qui donc dispose des fruits du labeur prolétarien ? Ceux qui l'exploitent : les détenteurs des instruments de production, oisifs pour la plupart.

Le travail, c'est l'esclavage du producteur et la liberté du parasite.

Chaque jour, en toute saison, par tous les temps, l'ouvrier peine du lever au coucher dú soleil et souvent une partie de la nuit. Son père a passé sa vie à la fabrique, à l'atelier, à la mine, au champ... Il est mort à la tâche. Lui-même trime depuis son adolescence. Il sait bien que toujours la pauvreté le contraindra à courber son front vers la terre, vers l'outil, vers la machine... Son père n'a connu que le repos de la tombe. Un sort semblable lui est réservé. Ainsi en a décidé le Capital.

L'ouvrier n'est pas seulement privé de liberté; il lui manque aussi de ce repos sans lequel la vie intellectuelle, morale et affective est impossible.

L'état de dépendance, la servitude cause une souffrance que calme l'usage des spiritueux.

La fatigue produit des troubles musculaires et cérébraux. Ceux qui en sont victimes deviennent friands de substances enivrantes.

Sans loisirs, point de culture intellectuelle, point de passion pour les sciences, les lettres et les arts, point d'aspiration vers la Justice, point de pensée de révolte. « Le travail incessant, a dit F. Guizot, est un frein contre la disposition révolutionnaire des classes pauvres. » L'alcool tarit chez le surmené toutes les sources d'énergie morale.

Le prolétaire n'est pas seulement un sans-propriété, c'est aussi un sans-famille, un sans-patrie, un sans-société.

Les sources du vivre lui ont été enlevées et avec elles la possibilité de jouir des innombrables bienfaits de la Civilisation.

Le prolétaire n'a point de famille.

Pour construire une maison, il faut des briques, du mortier, du bois, du fer, du zinc, du verre... Et pour créer un foyer ? Naîtrait-il de rien ? Ce n'est pas possible. *Ex nihilo nihil.* On ne fonde pas une famille avec des êtres épuisés physiquement et moralement. Que peut apporter de force, d'amour, de tendresse, de dignité, de savoir... une jeune fille déformée, empoisonnée, souillée — au moins moralement — depuis l'âge le plus tendre, jetée des bras de sa mère (et quelle mère parfois, hélas !) à la crèche, à l'école, à la fabrique, à l'atelier, au magasin,... l'esprit inculte, l'âme flétrie, le corps épuisé ?... Le jeune homme a-t-il l'esprit moins inculte, l'âme moins flétrie, le corps moins épuisé ?... Lui aussi, n'a-t-il pas connu — en naissant : le taudis infect, — à douze ans : l'air phtisifiant de l'usine, de la manufacture ou de la mine, — la caserne enfin où se développent les habitudes les plus mauvaises, les instincts les plus brutaux, les passions les plus dégradantes ?

Deux êtres auxquels les dons les plus précieux de la Civilisation ont été refusés, deux êtres auxquels le Capital a enlevé jusqu'à la santé physique, ne peuvent fonder une famille. Ils n'ont point eu de jeunesse. Ils ignorent les joies de la vie. Le travail — un travail de Sisyphe — les a tenu éloignés de l'étude des sciences, des lettres, des arts, de la philosophie, de tout ce qui rend la vie belle et saine. Leurs droits, ils ne les connaissent pas. Leurs devoirs, ils les ignorent également.

Ces êtres s'uniront, mais ils ne fonderont jamais une famille.

Ils s'uniront, mais seulement aux heures inutiles au Capital, leur maître. La femme ira le jour à l'atelier, l'homme ira la nuit. Les enfants verront de bonne heure la crêche, l'école, la fabrique...

L'ouvrier n'a de domicile que pour manger, dormir et reproduire la race des exploitables afin que la chair à profits ne manque jamais sur le marché du travail.

Un tel état de choses est anormal.

L'homme civilisé ne se sent pas né pour vivre

isolé, solitaire. Il lui faut un lieu où il puisse se refaire le moral aux heures d'épreuves, de déceptions, de revers, s'instruire chaque jour, voir grandir des enfants qui continueront sa tâche, finiront le travail qu'il a entrepris, ensemenceront où il a défriché et récolteront où il a semé. Il lui faut un abri contre toutes les intempéries qu'elles aient pour cause la société entière ou certains de ses membres. Si cet abri lui manque, il souffrira, il s'enivrera. L'alcool lui fait oublier son isolement, sa faiblesse, son impuissance en face des dangers qui le menacent perpétuellement.

Le prolétaire est un sans-patrie, un sans-société.

La terre qu'il féconde et que fécondaient ses ancêtres ne lui appartient pas. Les richesses qui le recouvrent sont la propriété de gens qu'il connaît à peine. Lui-même est une bête de somme à laquelle on donne chaque jour — bien imparfaitement encore — le manger et le boire pour accomplir une tâche sans cesse plus ingrate, plus épuisante et plus destructive de la santé physique et morale.

Le producteur de la richesse est partout un étranger. Rien ne l'attache au sol. Rien ne peut lui faire aimer la Société qui le traite en intrus, en paria, en réprouvé... Il vit dans un état d'insécurité perpétuelle, toujours guetté par le chasseur capitaliste ou par ses chiens de caserne et de prison. Isolé, désarmé, impuissant, il souffre de l'état de guerre qu'entretient et aggrave notre régime économique, régime d'exploitation et d'extermination des masses condamnées à vivre de salaires. Les antagonismes d'individus et de classes le blessent chaque jour. Par plus d'un point, sa vie ressemble à celle de la négresse de Livingstone qui ne pouvait « dormir sans rêver d'être poursuivie par une lance. »

L'ivresse dissipe la tristesse. Elle donne une gaieté artificielle dont le prolétaire se contente, faute de mieux.

La vie vaut-elle la peine d'être vécue ?

Cette question peut être posée par une classe épuisée, par une classe mourante. Elle ne l'est pas, elle ne le fut jamais, elle ne saurait l'être par un peuple vigoureux, par une race virile, par l'Humanité qui toujours marchera vers le mieux individuel et social.

Oui, la vie vaut la peine d'être vécue.

Et pourquoi ? Parce qu'elle est la vie, parce qu'en dehors d'elle il n'y a rien. Cela suffit.

Ainsi pensent les peuples.

Ils ont raison.

Le découragement, la lassitude de vivre, de lutter pour le Progrès et la Justice ne peuvent naître et se développer qu'au sein des populations en voie d'extinction.

Les représentants d'une classe qui régresse peuvent appeler la mort puisque leur rôle social est terminé. Une classe qui progresse, qui lutte pour son émancipation ne songe pas à se creuser une tombe sur le bord de la route. Elle avance sans cesse en dépit des obstacles à surmonter, heureuse de se trouver de jour en jour plus près de l'idéal entrevu.

La Bourgeoisie, comme classe progressiste, a vécu. Elle a abandonné à un prolétariat misérable la création de la richesse. Elle a confié la direction du travail à des fils d'ouvriers. Le pouvoir politique lui échappe peu à peu. Encore quelques cinquante ans, et il lui sera totalement enlevé dans la plupart des pays le suffrage universel. Aux dix-septième et dix-huitième siècle, la noblesse française, amollie, corrompue, en partie ruinée, abandonna ses terres, ses bois, ses fermes, ses châteaux. Versailles lui fit perdre le souvenir de son passé et la vision de son avenir dans une perpétuelle ivresse. C'est là qu'elle mourut. La Bourgeoisie abandonne ses ateliers, ses usines, ses fabriques. Elle court les plages, les villes d'eau, les hôtels renommés pour leur élégance et leur confortable . Que cherche-t-elle dans ces lieux de plaisirs et d'ivresse? L'oubli du danger qui la menace, — de la mort qui vient. « Ceux même qu'on appelle les heureux du monde, constate G. Renard, sont pris de je ne sais qu'elle tristesse... atteints au cœur d'un mal mystérieux. » — « Le « mal mystérieux, » dit B. Malon, c'est le sentiment de leur inutilité, la vague conscience de l'immoralité de leur situation, basée sur l'opposition de leur intérêt personnel (tel qu'il est compris dans la société bourgeoise) avec les grands intérêts de l'humanité laborieuse. »

L'alcool peut éviter à la classe mourante quelques souffrances morales. Elle ne saurait la guérir.

La situation faite au Prolétariat dans tous les pays à civilisation capitaliste n'est pas brillante. Ce n'est que lentement, péniblement, au prix d'efforts surhumains qu'il se dégage de l'atmosphère d'ignorance et de superstition au sein de laquelle il avait été maintenu jusqu'ici. Une partie de cette classe perpétuellement torturée par la faim et la fatigue — la partie la moins consciente de sa force et de son devoir social —

vit au jour le jour comme la bête de somme, pis peut-être, cette dernière ayant sa pitance assurée en tout temps.

Quoi d'étonnant à ce qu'elle désespère de sortir un jour de sa misérable condition ?

Persuadée à tort de l'inutilité de l'existence, elle s'alcoolise à l'instar de ses maîtres, les bourgeois.

Le Socialisme, porté à travers le monde par d'infatigables propagandistes, la désabusera bientôt.

E. — Impuissance individuelle

A. *Impuissance naturelle.* — B. *Impuissance économique.* — C. *Impuissance politique*

Les sources de la richesse donnent à qui les possède une puissance naturelle et une puissance sociale.

Le prolétaire est faible parce qu'il ne détient ni le sol, ni les instruments de travail, ni les moyens de transport, ni les habitations.

Aucune espèce végétale ou animale ne pourrait subsister sans posséder l'usufruit de la Terre.

Dans l'Humanité, une classe s'est attribué le droit de disposer à son gré des dons gratuits de la Nature et des richesses lentement accumulées par les générations antérieures. Le prolétaire n'a donc aucun empire sur le milieu cosmique.

La direction des forces économiques appartient à la classe bourgeoise.

Le gouvernail politique est également entre ses mains.

Une telle situation est intolérable.

Si indolent qu'on le suppose, l'homme qui souffre a des velléités de révolte. L'iniquité sous toutes ses formes (l'inégalité, l'oppression, l'exploitation, etc.) le blesse.

Il veut réagir. Il veut frapper ce qui le fait souffrir. Il veut réduire à l'impuissance ou exterminer ceux qui troublent sa quiétude ou paralysent son action. Il veut détruire les institutions qui le torturent.

Le peut-il ? Non. La Société est puissante. Solidement organisée, protégée par ses propres victimes, elle n'a rien à craindre du prolétaire qu'elle écrase. Isolé, défiant parce qu'il fut toujours trompé, voyant un ennemi dans son frère de misère, que tenterait-il pour sa délivrance ? Rien. Et cependant, chaque jour, le besoin d'agir se fait sentir avec une intensité croissante. Que faire pour l'apaiser ? S'enivrer.

Endormir le vouloir, voilà ce que nombre de prolétaires demandent à l'alcool.

III

On se soucie de la tempérance, mais de telle façon que ce souci ne puisse pas diminuer l'ivrognerie.

L. Tolstoï

La boisson comme la débauche dégrade l'Homme et lui fait accepter les jougs les plus odieux et les plus avilissants (1). « Ceux qui sont dépravés, avilis et qui se méprisent eux-mêmes, dit Elisée Reclus, n'ont plus le sentiment de dignité nécessaire pour les forcer à la révolte : ayant la conscience d'avoir des âmes de valets, ils se rendent justice en acceptant l'oppression. »

Le peuple ne doit attendre son salut que de lui-même. Jamais ses maîtres — qui sont aussi ses exploiteurs — ne consentiront à le moraliser. Bénificiant de ses vices, ils ne feront rien pour les détruire.

La production et le commerce de l'alcool

---

(1) Dans sa *Servitude volontaire* (1548) ETIENNE DE LA BOÉTIE rappelle le procédé employé par Cyrus pour prévenir la révolte des habitants de Sardes, capitale de Lydie. « Cyrus, dit-il, ne voulaut pas mettre à sac une taut belle ville, ny estre tousiours en peine d'y tenir armee pour la garder, il s'advisa d'un grand expedient pour s'en asseurer : il y establit des bordeaux, des tavernes et ieux publicques ; et feict publier cette ordonnance, que les habitants eussent à en faire estat. Il se trouva si bien de cette garnison, qu'il ne luy fallut iamais depuis tirer un coup d'espee contre les Lydiens. » L'auteur ajoute : « Touts les tyrans n'ont pas ainsy declaré si exprez qu'ils voulussent effeminer leurs hommes : mais, pour vray, ce que celuy là ordonna formellement et en effect, soubs main ils l'ont pourchassé la pluspart. » Denys, tyran de Syracuse, institua un prix pour celui qui boirait le mieux à une fête en l'honneur de l'ivrognerie. Des combats d'ivrognerie furent également organisés par Alexandre le Grand.

fournissent d'immenses profits à la bourgeoisie dirigeante et possédante.

L'alcool assure l'équilibre des budgets.

Les distillateurs et les brasseurs appartiennent pour la plupart à l'aristocratie et à la haute bourgeoisie. Il en est de même des producteurs de substances destinées à la fabrication des spiritueux. « En Allemagne, par exemple, disent P. Sérieux et F. Mathieu dans l'*Alcool*, la production agricole de l'alcool, principale source des spiritueux, s'est concentrée entre les mains des grands propriétaires fonciers des provinces orientales de la Prusse. (D'après la statistique officielle de l'Empire allemand, 1.551.941 hectares de terres labourables — un dix-septième des terres labourables de l'empire d'Allemagne — sont employées actuellement à la production de l'alcool). Cette industrie constituant la majeure partie, sinon la presque totalité de leurs revenus agricoles, ces propriétaires, parmi lesquels nous notons le roi de Saxe, des princes, des ducs, des marquis, les barons de Rothschild, etc., se sont constamment opposés aux modifications et surtaxes dont l'alcool pouvait être frappé. Il en est de même en Autriche : en Bohême, par exemple, les dix-sept centièmes de tout le territoire sont entre les mains de 33 propriétaires qui ont tous des intérêts considérables dans la production de l'alcool puisqu'ils possèdent 123 brasseries et 35 distilleries. Nous avons relevé sur la liste de ces grands propriétaires les plus grands noms de l'aristocratie et celui de l'empereur. »

La Bourgeoisie trouve dans l'alcool un agent contre-révolutionnaire qu'elle conservera à son service le plus longtemps possible et une source de profits qu'elle se gardera bien de tarir.

Tous ceux qui, depuis un demi-siècle, travaillent à arracher le peuple à l'intempérance se sont heurtés au mauvais vouloir des détenteurs du pouvoir et de la richesse (1).

Non seulement la Bourgeoisie tire profit et sécurité de l'intempérance des travailleurs, mais elle s'en fait une arme pour maintenir ses privilèges sociaux. « Ce sont des ivrognes, dit-elle : ils ont le sort qu'ils méritent. » Tartufe n'eut pas trouvé mieux.

Pour se moraliser comme pour s'émanciper,

(1) Au cours de son enquête sur l'état physique et moral des ouvriers employés dans les fabriques de coton, de laine et de soie, le docteur VILLERMÉ rencontra chez nombre de patrons un esprit réfractaire à toute mesure destinée à combattre l'ivrognerie. « J'ai trouvé des fabricants qui ont eu le courage de m'avouer, dit-il, que, loin de s'associer jamais à d'autres fabricants pour prévenir l'intempérance des travailleurs, ils profiteraient de semblables associations pour augmenter leur propre fabrication, en recueillant dans leurs ateliers les travailleurs qui seraient ainsi renvoyés des autres. » Ces messieurs étaient, on l'avouera, de fort mauvais bergers. » Leurs héritiers valent-ils davantage ? Nous ne le pensons pas.

le Prolétariat ne doit compter que sur lui-même.

L'ivrognerie est un vice commun à toutes les populations frappées d'impuissance : sauvages refoulés par la Civilisation, abâtardis des classes en voie d'extinction, producteurs transformés en prolétaires, etc.

Ce vice, le devoir des pionniers du Progrès est de le combattre chez les travailleurs où il est une cause de servilité et de dégénérescence.

CHAPITRE V

LA LUTTE CONTRE L'ALCOOLISME

PREMIÈRE SECTION

LES PALLIATIFS CONSERVATEURS

* — I. Rectification de l'Alcool. — II. Suppression du Privilège des Bouilleurs de Cru. — III. Monopole de l'Alcool. — IV. Prohibition de l'Alcool : A. Prohibition dans les Ecoles, Orphelinats, Hôpitaux, Hospices, Asiles d'Aliénés, Prisons, etc. ; B. Prohibition dans les Cantines militaires et dans les Etablissements créés pour les Fonctionnaires et les Salariés de l'Etat ; C. Prohibition locale ; D. Prohibition nationale. — V. Vente de l'Alcool par des Sociétés philanthropiques. — VI. Réduction du Nombre des Cabarets. — VII. Suppression des Cabarets. — VIII. Augmentation du Prix de l'Alcool : A. Accroissement du Droit de Licence des Débitants de Boissons, B. Surtaxation de l'Alcool. — IX. Dégrèvement des Boissons fermentées. — X. Désimposition des Produits servant à la Préparation des Boissons non alcooliques. — XI. Répression de la Falsification des Boissons fermentées et distillées. XII. Réglementation de la Vente des Boissons alcooliques : A. Diminu-

tion des Heures et Jours d'Ouverture des Débits ; B. Interdiction de la Vente des Boissons alcooliques aux Enfants et aux Adolescents ; C. Défense de servir à boire aux Ivrognes ; D. Non-reconnaissance ou Réduction des Dettes de Cabaret. — XIII. Répression de l'Ivresse. — XIV. Action patronale. — XV. Propagande antialcoolique : A. Publication de Livres, Journaux, etc. — Organisation de Cours, Conférences, etc. ; B. Formation de Sociétés d'Abstinence ; C. Introduction de l'Enseignement antialcoolique dans les Ecoles. — XVI. Création d'Etablissements d'abstinence. — XVII. Fondation d'Asiles spéciaux pour les Alcooliques. — *.

> Tant qu'une classe accaparera tous les bienfaits de la Civilisation, l'alcoolisme accomplira librement son œuvre de dégénération et de mort.
>
> *D. D.*

Depuis cinquante ans, l'anémie, la tuberculose, la névrose, la folie, etc. font des progrès effrayants chez tous les peuples à civilisation capitaliste.

Chaque jour, le mal s'aggrave. A-t-il été combattu avec succès ? Non. Gouvernants et possédants ne peuvent rien pour le salut de la race. On ne compte plus les remèdes préconisés par les défenseurs de la société bourgeoise. Tous ont fait preuve d'impuissance.

Sont-ils mieux armés contre l'alcoolisme ?

Non !

L'alcoolisme est puissant. Ses ravages attestent

sa force. Il est devenu un fléau plus redoutable que le choléra et plus meurtrier que la guerre.

Tous ceux que les destinées de l'Humanité ne laissent pas indifférents se demandent avec anxiété ce que sera notre race dans un siècle.

Et ils ont raison !

La Bourgeoisie ne peut rien contre l'alcoolisme.

Ses sociologues, politiciens, médecins, hygiénistes, moralistes, philanthropes, etc. nous affirment le contraire.

Les remèdes ne manquent pas, nous disent-ils. Nous en possédons à foison.

Chacun se porte garant de l'efficacité des siens.

Hélas ! L'usage en montre l'inutilité lorsqu'il n'en établit pas la nocuité.

Nous allons passer en revue les mesures bourgeoises les plus radicales jusqu'ici préconisées en vue de détruire l'alcoolisme.

I

Rectification de l'Alcool

> L'alcool — épuré ou non — est un toxique qu'il faut éliminer de la consommation.
>
> *D. D.*

Brut ou rectifié, l'alcool est un poison.

La rectification des alcools en abaisserait bien un peu le degré de toxicité, mais est-ce là une solution acceptable ? Non, assurément. Ce qu'il faut faire, c'est mettre fin à l'empoisonnement du peuple par l'alcool et non tirer profit de cet empoisonnement.

« Epurer l'alcool n'est pas en diminuer la consommation, disent Sérieux et Mathieu ; c'est même l'augmenter en fournissant aux buveurs une apparence de justification d'ordre hygiénique, scientifique. »

Rectifions l'alcool, mais ne nous faisons aucune illusion sur le résultat hygiénique de cette mesure.

II

Suppression du Privilège des Bouilleurs de Cru

> "C'est la Justice et non la Santé qui assure l'égalité de tous les producteurs d'alcool devant l'impôt.
>
> D. D.

La suppression du privilège des bouilleurs de cru est réclamée, en France, au nom de la santé publique et — pourquoi ne l'avouerions-nous pas ? — au nom du budget.

Cette réforme peut guérir du déficit notre budget. Elle ne saurait vaincre l'alcoolisme.

Les bouilleurs de cru diminueront en nombre, mais la production de l'alcool cessera-t-elle de croître ? Il est permis d'en douter. Les produits livrés à la consommation après avoir été rectifiés n'en exerceront pas moins sur le peuple leur action morbifique et démoralisatrice.

III

Monopole de l'Alcool

> Socialiser la production d'un toxique est bien. Le supprimer est mieux.
>
> *D. D.*

Faut-il soustraire l'alcool à l'industrie et au commerce privés ?

La mesure est sage.

Confessons cependant que l'hygiène gagnerait peu à la réalisation de cette réforme.

L'alcool fabriqué, rectifié et vendu par l'Etat serait-il moins un poison ? Poser la question, c'est la résoudre.

En Suisse, le monopole de la fabrication et de la rectification existe depuis 1886. Quel résultat a-t-il produit ? La consommation de l'eau-de-vie s'est restreinte ; celle du vin, de la bière et du cidre a augmenté (1).

(1) Contrairement à ce que bien des gens croient encore, substituer les boissons fermentées aux boissons distillées n'est pas résoudre le

Le monopole de la fabrication, de la rectification et de la vente de l'alcool peut assurer à l'Etat de gros revenus. Il ne saurait diminuer sensiblement la consommation de ce toxique.

IV

Prohibition de l'Alcool

> On ne peut triompher de l'alcool si l'on n'a pas préalablement détruit l'exploitation de l'Homme par l'Homme.
>
> *D. D.*

A. — *Prohibition dans les Ecoles, Orphelinats, Hôpitaux, Hospices, Asiles d'Aliénés, Prisons, etc.*

L'Etat devrait bannir l'alcool des établissements de bienfaisance, écoles, prisons, etc.

La santé publique et le budget réclament cette réforme.

Réduirait-elle sensiblement le commerce de l'alcool ?

Bien naïf qui le croirait.

---

problème de l'alcoolisme. Les deux tiers des alcooliques doivent leur maladie au vin, au cidre et à la bière. C'est la proportion constatée à l'asile d'Ellikon (Suisse). En 1893, par exemple, le vin détermina 31 o/o des entrées, la bière 23 o/o, le cidre 13 o/o, l'eau-de-vie 22 o/o et les liqueurs 11 o/o. — L'alcool de fermentation est un poison au même titre que l'alcool de distillation.

B. — *Prohibition dans les Cantines militaires et dans les Etablissements créés pour les Fonctionnaires et les Salariés de l'Etat.*

La vente des boissons alcooliques dans les cantines militaires et dans les établissements ouverts aux fonctionnaires et aux salariés de l'Etat doit être interdite.

Cette mesure réduirait-elle de beaucoup la consommation de l'alcool ?

Nul n'oserait l'affirmer.

Les établissements dépourvus de boissons alcooliques verraient leur clientèle décroître et leurs recettes baisser. Pendant ce temps, les assommoirs du voisinage feraient les plus brillantes affaires au détriment de leurs rivaux abstinents.

La santé publique n'y gagnerait rien.

C. — *Prohibition locale.*

Laisser aux communes la liberté de tolérer ou d'interdire la consommation de l'alcool sur son territoire est une mesure fort légitime.

Réduirait-elle d'une façon sensible l'usage des spiritueux ? Cela nous semble douteux.

L'expérience a été tentée dans des pays non encore industrialisés : en Norvège, en Suède, en

Finlande, etc. Les résultats obtenus ne sont guère encourageants.

La passion de boire de l'alcool est un vice qu'il faut supprimer. Le cacher n'est pas le détruire.

Nous devons craindre l'alcool clandestinement fabriqué et clandestinement vendu.

Evitons — lorsque faire se peut — de prendre des mesures qui en développeraient l'usage à huis clos.

D. — *Prohibition nationale.*

Prohiber l'usage de l'alcool est une mesure excellente mais inapplicable dans nos contrées ravagées par le paupérisme. Elle a été prise — sans grand succès d'ailleurs — par différents Etats de l'Union américaine et par les provinces occidentales du Canada.

Les habitants des Etats prohibitionnistes ont chez eux des tonnelets d'alcool auxquels ils rendent de nombreuses visites.

La loi est impuissante à empêcher l'ivresse. Elle pousse à la consommation à huis clos qui n'est pas la moins dangereuse.

Les Etats prohibitionnistes étaient jadis au nombre de dix-sept. Ils ne sont plus que sept à présent.

Le système prohibitif est impraticable sous un régime d'inégalité sociale.

V

Vente de l'Alcool par des Sociétés philanthropiques

> La suppression d'un mal vaut mieux que l'atténuation de ses effets.
>
> *D. D.*

Le rachat par des sociétés philanthropiques des licences des cabaretiers peut, dans les pays où le nombre des débits est limité, exercer une certaine influence sur la consommation de l'alcool.

En Norvège et en Suède, où cette mesure a été appliquée un peu partout, l'usage des spiritueux s'est restreint... au profit de la bière dont la consommation a fortement augmenté.

Cette mesure n'est qu'un palliatif. Elle peut atténuer les effets du mal. Elle est sans action sur le mal lui-même.

VI

Réduction du Nombre des Cabarets

> La consommation de l'alcool est indépendante de la quantité des débits.
>
> *D. D.*

Le nombre des débits d'alcool va croissant. Le

restreindre est possible. Une loi atteindrait facilement ce but.

Dans les pays où la vente de l'alcool n'est pas libre, des sociétés d'abstinence peuvent acheter les licences des cabaretiers et fermer leurs établissements.

L'accroissement du taux des licences amènerait également la fermeture d'une certaine quantité d'assommoirs.

La diminution du nombre des débits ferait-elle décroître dans des proportions appréciables la consommation des boissons distillées ? Nous ne le pensons pas.

« Ce moyen, disent Sérieux et Mathieu, n'a pas l'efficacité qu'on lui prête *a priori*. Il a été prouvé, par exemple, qu'en Suisse, « l'eau-de-» vie, plus encore que le vin, se consomme dans » le domicile privé, et que cette consommation, » notamment dans les contrées infectées par » l'alcoolisme, n'a pas son origine ni son fonde-» ment principal dans le cabaret, mais bien dans » l'usage domestique. » (Message du Conseil Fédéral, 1884.) Cette assertion est corroborée par l'exemple de la Grande-Bretagne. En Angleterre, où il y avait 565 débits pour 10.000 habitants, la consommation de l'eau-de vie était de 2 lit. 95 par tête en 1880: en Ecosse, où il n'y en a que 346 pour le même nombre d'habitants, cette consommation s'élevait à 7 lit. 95 par tête. En Hollande, où le nombre des débits est limité, des faits analogues ont été constatés. »

On le voit, la consommation de l'alcool n'est pas proportionnelle à la quantité des débits.

La diminution du nombre des cabarets, toute désirable qu'elle soit, n'est pas donc pas une solution.

VII

Suppression des Cabarets

> L'alcool résiste à la suppression du cabaret. Il ne résistera pas à la suppression de la misère et du surmenage.
>
> *D. D.*

Voici une mesure plus radicale : la suppression des cabarets.

Par ce qu'il en est advenu en Russie, où la consommation annuelle de l'alcool est encore de 2 litres 32 par personne, on peut juger du peu d'efficacité de la réforme.

Supprimer le cabaret, ce n'est pas supprimer l'usage de l'alcool. Ce n'est même pas en rendre l'abus impossible.

En France, près d'un million de bouilleurs de cru (822.642 en 1897) peuvent s'enivrer et enivrer leur famille, leurs amis, leurs concitoyens, tous ceux qui les approchent, sans le concours du cabaret.

En Russie, une loi de 1885 a supprimé le débit d'alcool. Les cabarets se sont pour la plupart transformés en restaurants. Le nombre des brasseries a prodigieusement augmenté. Ces établissements ne vendent que de la bière, mais le client n'y pénètre qu'avec une bouteille d'eau-de-vie.

En Norvège, le résultat a été identique dans les communes ayant interdit le commerce de l'alcool au détail.

En Russie, l'eau-de-vie a été remplacée par un mélange — tout aussi nuisible — de bière et d'alcool. En Norvège, l'eau-de-vie a fait place au portvin, breuvage des plus toxiques fabriqué en Allemagne.

La suppression des cabarets est impuissante à détruire l'usage des boissons alcooliques.

VIII

Augmentation du Prix de l'Alcool

> Accroître le prix de l'alcool n'est guère qu'augmenter le coût des maladies qu'il enfante.
>
> D. D.

A. — *Augmentation du Droit de Licence des Débitants de Boissons.* — B. — *Surtaxation de l'Alcool.*

Elever le prix d'un produit n'est pas en proscrire l'usage.

L'accroissement du droit de licence des cabaretiers et l'augmentation de l'impôt sur l'alcool sont deux réformes excellentes... pour le budget. Bien faible est leur influence sur la consommation des spiritueux.

Elever le droit de licence, c'est augmenter les prix de revient et de vente de l'alcool.

Elever l'impôt sur l'alcool, n'est-ce pas également en accroître les prix de revient et de vente ?

On le voit, ces deux moyens produisent le même résultat : hausser le prix de vente des boissons spiritueuses.

Appliqués, ils condamneront le consommateur à payer plus cher le plaisir de s'enivrer. Boira-t-il beaucoup moins?

L'alcool acquitte presque partout des droits

exorbitants. En consomme-t-on moins pour cela?

En France, l'alcool est frappé d'un droit général de consommation, d'un droit d'entrée et d'un droit d'octroi. Le droit de consommation existe depuis 1824 (1). Il était, à l'origine, de 50 francs par hectolitre. Abaissé à 37 fr. 40 en 1830, il fut porté à 60 fr. en 1855, à 90 fr. en 1860, à 150 fr. en 1871 et à 156 fr. 25 en 1873. Cette élévation considérable de la taxe ne paraît pas avoir entravé la propagation de l'alcool. Pendant que la taxe triplait, la consommation de l'alcool doublait. Elle atteignait 1 l. 12 en 1830, 2 litres en 1855, 2 l. 27 en 1860, 2 l. 81 en 1871, 2 l. 59 en 1873. Elle dépasse 4 litres depuis 1890.

En Hollande, l'hectolitre d'alcool est frappé d'une taxe de 252 francs. La consommation moyenne annuelle par personne s'élève à 4 l. 35.

En Russie, le fisc prélève 455 francs par hectolitre. La consommation annuelle par habitant atteint 2 l. 32.

En Angleterre, les droits sur l'alcool se sont jadis élevés à 555 fr. l'hectolitre. Ils sont aujourd'hui de 477 fr.

---

(1) De 1801 à 1808, les boissons alcooliques étaient soumises à un droit unique. De 1808 à 1824, les eaux-de-vie et liqueurs étaient réparties en trois catégories selon leur degré d'alcool. Depuis cette époque, le droit est proportionnel à la quantité d'alcool contenue dans le liquide.

La consommation des spiritueux, nous l'avons précédemment constaté, tend à décroître dans ce pays.

Pour chasser l'alcool de l'alimentation, il faut faire appel à d'autres concours qu'à celui du fisc.

IX

Dégrèvement des Boissons fermentées

> Toutes les boissons alcooliques, même les plus légères comme la bière et le cidre, sont des poisons au même titre que la morphine, l'opium, le hachisch, la cocaïne, etc.
>
> *Dr A. Forel.*

Diminuer les droits dont sont frappées les boissons fermentées en accroîtrait la consommation.

Les boissons distillées seraient-elles moins recherchées ?

Oui, sans doute pour quelques années, mais après....

Ce n'est pas d'une telle réforme qu'il faut attendre le salut.

D'ailleurs, est-ce que le cidre, le poiré, la bière, le vin,... sont inoffensifs? Est-ce que dans la plupart des cidres, poirés, bières et vins, ne sont pas entrées des substances fort toxiques?

En Suède, où l'Etat et les communes ont fait

à l'eau-de-vie une guerre acharnée, l'usage des boissons distillées décroît, mais celle des boissons fermentées augmente. « Tandis que les arrestations pour ivresse d'eau-de-vie ont diminué pendant les quinze dernières années, dit le docteur Wieselgren, celles qui résultent de la consommation de la bière ont augmenté par contre d'une manière effrayante ».

A quoi bon substituer une boisson qui contient de l'alcool à une autre qui en contient également? L'alcool est un poison. Peu importe la couleur du liquide avec lequel il se trouve mélangé.

X

Désimposition des Produits servant à la Préparation des Boissons non alcooliques

Le fisc est mal armé contre l'alcool.

D. D.

Certains produits servant à la préparation des boissons non alcooliques devraient être détaxées. De ce nombre sont: le cacao, le sucre, le thé, le café.

Un mot sur le café. Peut-il être rangé parmi les boissons anti-alcooliques? Par sa composition, oui; par son usage, non. Le café favorise la consommation des boissons distillées. Presque partout, dans les cabarets, cafés, hôtels,... et même dans les familles, l'absorption d'une tasse de café est suivie de celle d'un ou de plusieurs verres d'eau-de-vie (1), rhum, genièvre, etc.

Le fisc ne peut donc rien ou presque rien pour enrayer les progrès de l'alcoolisme.

XI

Répression de la Falsification des Boissons fermentées et distillées.

Toutes les boissons alcooliques — pure son falsifiées — sont nuisibles à la santé, il faut donc en proscrire l'usage.

D. D.

Nul ne condamne plus que nous la falsification. Il est désirable qu'elle soit sévèrement réprimée.

Il serait possible de diminuer quelque peu la nocuité des boissons fermentées et distillées.

Est-ce une solution ? Certes non, car l'alcool — aussi pur qu'on le suppose — est toujours un poison.

La répression de la falsification ne diminuerait

(1) Dans les pays à cidre — en Normandie, par exemple — un décilitre de café fait parfois boire un demi-litre d'eau-de-vie. - Le café n'est pas aussi inoffensif que beaucoup de gens se plaisent à le croire. Sans doute, il n'intoxique pas comme l'alcool, mais, consommé avec excès, il peut amener de la dépression mentale et peut-être aussi des troubles dyspeptiques.

pas la consommation des boissons anti-hygiéniques. Elle l'augmenterait plutôt.

Ne propagerait-elle pas cette idée — absurde — qu'un produit reconnu non falsifié par l'Etat est un produit inoffensif?

Les boissons fermentées naturelles saoulent moins vite que les vins, cidres et bières falsifiées -- c'est-à-dire surempoisonnées -- que l'on débite très souvent aux classes laborieuses.

N'est-il pas à craindre que le consommateur, obligé de boire davantage pour obtenir le degré d'ivresse qu'il affectionne, ne fasse un plus grand usage des boissons distillées?

L'eau-de-vie, le genièvre, le rhum, l'absinthe... remplaceraient le vin, le cidre et la bière. La santé publique y perdrait.

XII

Réglementation de la Vente des Boissons alcooliques

> La société bourgeoise surveille la fabrication, le transport et l'usage de l'inoffensive dynamite. Elle laisse fabriquer, transporter et consommer librement le meurtrier alcool.
>
> *D. D.*

*
* *

La liberté du commerce n'est pas seulement la liberté du vol, c'est parfois aussi la liberté de l'empoisonnement. Dans ce cas, n'est-il pas utile de la restreindre le plus possible ?

Vendre de l'alcool, c'est vendre la dégradation, la maladie et la mort. L'interdiction absolue d'un tel commerce s'impose, mais peut-on demander à la Bourgeoisie de se suicider ?

Nos hommes politiques, sociologues, hygiénistes, philanthropes, etc. se bornent à en réclamer la réglementation.

C'est totalement insuffisant.

A. — *Diminution des Heures et des Jours d'ouverture des Débits.*

Diminuer les heures et même les jours d'ouverture des débits est une chose très pratique.

Réduirait-elle dans des proportions sensibles la consommation des boissons fermentées et distillées ? Nous ne le pensons pas.

Il se boit déjà beaucoup d'alcool en dehors des cabarets. Il s'en boirait encore davantage.

La santé publique gagnerait peu à la réalisation de cette réforme.

B.— *Interdiction de la Vente des Boissons alcooliques aux Enfants et aux Adolescents.*

La vente des boissons alcooliques doit être interdite aux enfants et aux adolescents.

En France, une loi du 23 Février 1873 punit d'une amende — une amende dérisoire, nous en convenons (1) — le débitant qui aura servi des boissons alcooliques à un enfant de moins de seize ans et de prison — six jours à un mois — celui qui l'aura fait boire jusqu'à l'ivresse.

Cette loi n'est pas appliquée. Elle devrait l'être, nul ne le conteste.

Gardons-nous cependant de lui attribuer des vertus qu'elle ne saurait posséder.

Appliquons-la aussi sévèrement que possible. Bien plus, interdissons à tout mineur l'entrée des débits.

Qu'arrivera-t-il ? L'enfant s'enivrera au logis, l'adolescent à l'atelier.

Ces moyens, rigoureusement appliqués, peuvent bien entraver dans une certaine mesure l'alcoolisation de l'enfance. Ils ne la supprimeront pas.

C. — *Défense de servir à boire aux Ivrognes.*

L'interdiction de servir à boire aux buveurs

---

(1) L'amende est de 1 à 5 francs... pour le cabaretier naïf — *rara avis in terris* — qui déclare ne pas avoir été induit en erreur sur l'âge de son client. Son concurrent rusé — « renard doublé de vautour » [A. Le Roy] — affirmera avoir été trompé sur l'état civil du jeune buveur et il ne sera pas condamné. Citons le code : « Seront punis, etc. ceux qui auront servis des liqueurs alcooliques à des mineurs âgés de moins de seize ans accomplis. Toutefois, dans le cas où le débitant sera prévenu d'avoir servi des liqueurs à un mineur âgé de moins de seize ans accomplis, il pourra prouver qu'il a été induit en erreur sur l'âge du mineur ; s'il fait cette preuve, aucune peine ne lui sera applicable de ce chef. » *Loi tendant à réprimer l'Ivresse publique et à combattre les progrès de l'Alcoolisme.* 23 Janvier 1873. ART. 4.

d'habitude, aux individus déjà condamnés pour ivresse, est une mesure, sage à coup sûr, mais peu pratique.

Fût-elle appliquable, qu'elle serait sans grande influence sur la consommation des boissons alcooliques.

Le buveur ne pourrait plus se faire servir les spiritueux qu'il affectionne dans les débits de son hameau, de son village, de sa ville. S'en priverait-il pour cela ?

Il boirait dans des maisons particulières et peut-être ferait-il boire à ses frais les personnes assez complaisantes pour lui fournir le breuvage de son choix.

Le cabaretier débiterait moins de liqueurs sur place. Il en vendrait davantage pour consommer en réunions particulières.

La cause de l'abstinence gagnerait-elle beaucoup à la réalisation de cette réforme ? Nous n'osons l'espérer.

Cette mesure, avons-nous dit, est peu pratique. En effet, un buveur, eut-ii été condamné dix fois pour ivresse, tapage, coups et blessures, etc., ne porte pas inscrits sur son front ses antécédents judiciaires, ni même sa dévotion à Bacchus. S'il est connu dans sa commune, il ne l'est pas dans la plupart des communes voisines. S'il veut s'alcooliser, il prendra le chemin de la localité où il pourra se faire servir force grands verres et bonnes bouteilles.

«Qui a bu boira» car «qui veut boire peut boire».

Le code, si sévère qu'il soit, ne fera jamais un abstinent d'un buveur d'habitude.

D.— *Non-reconnaissance ou Réduction des Dettes de Cabaret.*

La non-reconnaissance ou la réduction des dettes de cabaret exercerait-elle une influence sensible sur la consommation de l'alcool. Non. La plupart des buveurs à la semaine et à la quinzaine ne se font pas trop tirer l'oreille pour acquitter leurs dettes de cabaret. L'épicier, le boulanger, le boucher, le propriétaire même sont payés après le «mastroquet.»

Un débitant ne peut-il pas faire disparaître la trace d'origine des rares créances qui ne lui auraient pas été payées de bonne grâce. ?

L'inefficacité d'une telle mesure n'est pas contestable.

XIII

Répression de l'Ivresse

> Toutes les lois contre l'ivresse ont prouvé leur impuissance.
>
> *D. D.*

Une législation frappant de peines pécunières

ou corporelles les personnes qui s'enivrent peut-elle mettre fin à l'intoxication alcoolique ?

Non.

L'histoire le prouve.

Nombreux sont les peuples — anciens et modernes — qui ont essayé de la répression pénale.

Nul ne vit ses efforts couronnés de succès.

Dracon — archonte athénien du septième siècle avant notre ère — punissait de mort l'ivresse publique.

Pittacus — un des sept sages — doubla les les peines encourues pour fautes commises en état d'ivresse.

Lycurgue ordonna que les ilotes pris de vin fussent exposés aux regards des enfants afin de leur inspirer l'horreur et le dégoût de l'ivresse. Le législateur de Sparte fit arracher les vignes de Lacédémone.

A Rome, le vin fut interdit aux femmes. L'épouse qui en buvait pouvait être mise à mort par son mari.

Chez les Locriens, l'usage du vin était puni de mort. Les médecins seuls pouvaient en prescrire l'emploi.

Chez les Mexicains, l'abus des boissons alcooliques entraînait, pour les nobles, la perte de leur rang, la confiscation de leurs biens, pour les hommes du peuple, l'esclavage, et, en cas de récidive, la mort.

Mahomet interdit l'usage du vin à ses adeptes.

En Turquie, Soliman Ier — sultan du quinzième siècle — faisait couler du plomb fondu dans la bouche des buveurs.

En France, les peines infligées aux ivrognes ne furent jamais aussi barbares.

Domitien — empereur romain du premier siècle de notre ère — fit arracher les vignes afin d'accroître la culture du blé.

Charlemagne défendit d'inciter à boire et de trinquer.

François Ier établit des peines assez rigoureuses contre les buveurs incorrigibles, entre autres la flagellation, l'amputation des oreilles et le bannissement.

Charles IX ordonna la destruction des vignobles.

La loi du 23 Janvier 1873 — on l'a vu plus haut — punit d'une amende de 1 à 5 francs toute personne trouvée en état d'ivresse dans un lieu public, d'un emprisonnement de 6 jours à 1 mois et d'une amende de 16 à 300 francs toute personne ayant déjà encourru deux condamnations, la deuxième depuis moins d'un an.

L'amende et la prison sont appliquées aux

ivrognes dans la plupart des pays européens: Suède, Russie, Autriche, Hongrie, Italie, Angleterre, Allemagne, Suisse, Belgique, Hollande, etc. Cela n'en réduit pas le nombre.

La répression pénale est impuissante à combattre l'alcoolisme.

XIV

Action patronale

> L'alcool est pour la classe exploitante un auxiliaire trop précieux pour qu'elle songe jamais à en combattre l'usage chez les ouvriers.
>
> *D. D.*

Le capitaliste exploite à l'abri des vices qu'il cultive chez le prolétaire. Il ne saurait donc condamner l'ivrognerie qui lui livre des ouvriers démoralisés, veules, incapables par conséquent de travailler à la défense de leurs intérêts.

On a beau crier aux chefs d'industrie : « N'employez que des ouvriers sobres; refusez d'embaucher des ivrognes connus; renvoyez ceux d'entre vos ouvriers qui se présentent en état d'ébriété, s'absentent le lundi et le lendemain des fêtes; créez des associations dont les membres s'engageraient à ne jamais donner d'ouvrage à un ouvrier renvoyé pour intempérance !.... »

Ces messieurs font la sourde oreille.

Ne sont-ils pas les petits-fils de ceux qu disaient à Villermé : « Nous sommes fabricants pour devenir riches et non pour nous montrer philanthropes » ?

Ce n'est pas aux capitalistes — buveurs pour la plupart — qu'il faut faire appel pour combre les progrès de l'alcoolisme.

XV

Propagande anti-alcoolique

> L'alcool a pour protecteur le capital, d'où sa toute-puissance.
>
> D. B.

A.— *Publication de Livres, Journaux, etc. — Organisation de Cours, Conférences, etc.*

Le public a besoin d'être éclairé sur les dangers de l'alcool.

La publication de livres, brochures, almanachs, revues, bulletins, journaux, etc. signalant ses ravages serait utile.

On peut en dire autant de l'organisation de cours, conférences, réunions, banquets, etc.

Il faut bien se garder d'exagérer l'action des propagandistes de l'abstinence des spiritueux. Malgré leur nombre, malgré l'activité qu'ils déploient, malgré les ressources dont ils disposent parfois, leurs succès sont des plus modestes (1).

Peut-il en être autrement?

Les prêcheurs d'abstinence exercent une action intellectuelle et morale. Ils ne modifient pas les institutions sociales, causes de l'alcoolisme (2).

B.— *Formation de Sociétés d'Abstinence.*

La création de sociétés d'abstinence, comme il en existe déjà un peu partout en Europe et aux Etats-Unis, doit être encouragée et soutenue. Formées en grande partie d'électeurs, elles peuvent exercer sur le gouvernement une action salutaire.

Qu'on ne l'oublie pas, cependant : les réformes possibles — même les plus radicales — ne peuvent détruire les causes de l'intoxication alcoolique.

(1) Le protestantisme et le catholicisme ont fourni à la cause de l'abstinence des boissons alcooliques d'ardents défenseurs. La conduite de ces soldats du passé est d'autant plus louable qu'elle est désintéressée. La transformation sociale qui mettra fin à l'intoxication alcoolique supprimera l'ivresse religieuse.

(2) Les causes principales de l'alcoolisme sont généralement économiques. Elles peuvent être politiques. L'exemple de la Suède nous le prouve. L'alcool étant une source de revenu pour l'Etat, Gustave III résolut d'en développer la consommation. En 1783, il établit le privilège de la vente de l'eau-de-vie. Chaque localité eut bientôt ses assommoirs et sa légion d'ivrognes. La mortalité devint telle que le monarque, effrayé, renonça à son privilège. La consommation de l'alcool diminue de jour en jour dans ce pays. Les bourgeois sont fiers de ce résultat. Ils ignorent qu'une intoxication produite, comme en Suède, par des causes politiques n'a pas le caractère chronique des intoxications déterminées par des causes économiques. Appliqués en France, par exemple, les remèdes employés avec succès dans le pays de Gustave III n'exerceraient aucune influence sensible sur la consommation de l'alcool. Mais allez donc faire comprendre cela aux adorateurs de Plutus! -- Là où le Capital n'est pas encore omnipotent, la population -- quoique pauvre -- ne consomme que fort peu d'alcool. Témoin l'Italie, l'Espagne, le Portugal, etc

Tant qu'il y aura sur terre oppression et exploitation, c'est-à-dire tyrannie et misère, l'ivresse sera une nécessité et l'alcoolisme une maladie inguérissable.

c.— *Introduction de l'Enseignement anti-alcoolique dans les Ecoles.*

Elever les jeunes générations dans le mépris de l'alcool, leur montrer ses désastreux effets sur le physique, l'intellectuel et le moral des individus sont choses excellentes. L'enfant devenu homme, abruti par le travail, affaibli par le manque de nourriture, suivra-t-il les conseils de ses maîtres? Non. Ses aînés lui apprennent qu'il existe des établissements où, pour quelques sous, il est délivré un breuvage qui atténue les sensations pénibles: sensation de faim, de soif, de froid, de fatigue, etc. Son père y va. Son oncle y va. Ses grands frères y vont.... Pourquoi n'irait-il pas? Il les suit. « Ceux qui ont dit pis que pendre de l'alcool, pense-t-il, n'ont jamais été condamnés au labeur de l'usine et de la fabrique. Qu'on leur inflige de 10 à 11 heures de travail par jour, qu'on leur octroie la pitance dévolue aux serfs de l'industrie, et ils nous suivront sans hésiter jusque dans les pires assommoirs. »

Nous devons éclairer la jeunesse, la pénétrer des dangers de l'ivresse alcoolique.

Cela ne suffit pas.

Il faut aussi travailler à détruire les institutions qui la rendent nécessaire, qui l'imposent à toutes les classes sociales.

XVI

Création d'Établissements d'Abstinence

> La domination bourgeoise ne se maintient que par l'ignorance, l'abrutissement et le vice. Quel homme de progrès peut en souhaiter la conservation ?
>
> *D. D.*

La fondation d'établissements d'abstinence ne peut qu'être approuvée.

L'intention, en effet, est excellente. Le résultat atteint serait-il en proportion des sacrifices faits pour l'obtenir ?

Il est permis d'en douter.

Le chiffre d'affaires des restaurants, cafés, cabarets... pour abstinents serait faible.

Fort limitée — pour ne pas dire à peu près nulle — serait leur action.

Les établissements privés de boissons alcooliques n'auraient guère d'autres clients que ceux qui ne font pas usage de spiritueux par principe.

Ils ne contribueront donc que dans une mesure très restreinte à réduire la consommation de l'alcool.

XVII

Fondation d'Asiles spéciaux pour les Alcooliques

> L'assommoir crée cent malades. L'hôpital en guérit un. « Ne touchons pas à l'assommoir, » dit M. Prud'homme. M. Prud'homme est fou.
>
> *D. D.*

Le traitement des alcooliques dans des asiles spéciaux s'impose.

L'alcoolique est un m. ade. Soigné, il a quelque chance de guérir.

Faut-il pour cela attendre le salut de tels établissements? Non, mille fois non, la guérison radicale des alcooliques à tous les degrés fût-elle toujours possible.

Créer des maladies pour se donner le plaisir — ou plutôt la peine — de les guérir est bien la besogne la plus stupide qui se puisse imaginer.

L'assommoir alimente l'hôpital. Pourquoi ne pas le détruire ?

La société crée des malades, beaucoup de malades... et en guérit — plus ou moins complètement — un petit nombre.

Ne demandons donc pas aux établissements destinés aux alcooliques plus qu'ils ne peuvent donner, c'est-à-dire peu de chose.

*

La Bourgeoisie ne peut plus que le mal de l'Homme et de la Société.

D. D.

De tous les remèdes préconisés par la Bourgeoisie pour détruire l'alcoolisme, aucun ne vaut.

Certaines mesures peuvent ralentir les progrès du mal. Nul n'est capable de le supprimer.

Le remède reste à trouver.

Quel est-il ? Le Socialisme.

Lui seul peut détruire les causes de l'alcoolisme : l'inégalité sociale et ses conséquences : l'asservissement et l'exploitation de l'Homme par l'Homme.

Il est devenu le guide de l'élite ouvrière des Deux-Mondes, l'espérance de tous ceux qui s'intéressent aux destinées de l'Humanité.

DEUXIÈME SECTION

LES PALLIATIFS SOCIALISTES

***. — I. Propagande socialiste. — II. Interdiction de vendre des Spiritueux dans les Etablissements fondés par les Organisations ouvrières. — III. Développement des Coopératives de Production. — IV. Amélioration de l'Alimen-**

tation. — V. Amélioration du Logement. — VI. Réduction de la Journée de Travail.

★

> Les socialistes ont la conviction que de tous les ennemis de la classe ouvrière l'alcool est le plus pernicieux.
>
> *G. Rouanet.*

La politique bourgeoise — nous l'avons constaté — ne peut rien contre l'alcoolisme.

La politique prolétarienne accuse-t-elle la même impuissance ?

Non.

Les Partis ouvriers des Deux-Mondes travaillent à restreindre la consommation de l'alcool. Leurs programmes abondent en réformes appelées à faire reculer l'ivrognerie.

I

Propagande socialiste

> Tout ce qui fortifie l'organisation ouvrière fait reculer l'alcoolisme et, réciproquement, tout ce qui réduit la consommation d'alcool, augmente les ressources de l'organisation ouvrière, élève le niveau moral du prolétariat, lui donne des forces nouvelles dans le combat pour l'émancipation.
>
> *E. Vandervelde.*

« Sans les cabarets, a dit Balzac, le gouvernement serait renversé tous les huit jours. » Cela, les socialistes ne l'ignorent point. Aussi, abhorent-ils l'ivresse et donnent-ils l'exemple de la sobriété.

L'ouvrier ignorant — esclave résigné — peut chercher dans l'alcool des joies qu'il devrait réclamer à la Science et à la Liberté. L'ouvrier qui prépare son émancipation par l'étude et la propagande sait que les plaisirs de l'ivresse sont vains. Il ne les recherche pas. Il fait de son temps et de ses ressources un meilleur emploi.

L'homme qui lutte pour le triomphe d'une idée émancipatrice voit dans l'alcool un ennemi. Peut-il lui abandonner sa santé et sa dignité, choses précieuses pour qui mène une existence de pionnier social ? Non.

Les militants socialistes — les « meneurs » — sont en général des hommes extrêmement sobres. La plupart ont consacré leur jeunesse à l'étude. Fils d'ouvriers, ouvriers eux-mêmes dès l'âge le plus tendre, seraient-ils devenus des « intellectuels » s'ils avaient fréquenté les assommoirs ?

Nos cadres comptent un certain nombre d'anciens buveurs modérés. Interrogez-les. Ils vous diront que s'ils ne boivent plus guère, c'est parce qu'ils ont appris dans nos rangs les mauvais effets de l'ivresse. Le Socialisme leur a commandé la tempérance.

La propagande socialiste est un moyen de combattre l'alcoolisme (1).

II

Interdiction de vendre des Spiritueux dans les Etablissements fondés par les Organisations ouvrières

> Pour les partis comme pour les individus, il est toujours moral — et utile — de prêcher d'exemple.
>
> D. C.

L'interdiction de vendre des spiritueux dans les établissements fondés par les organisations ouvrières : Maisons du Peuple, Coopératives, Cercles, etc., s'impose.

Cette mesure, nous le savons, profitera aux exploiteurs des assommoirs, mais qu'importe ! Nous aurons manifesté notre désir de mettre fin à l'intoxication du Prolétariat.

Quel résultat plus utile pourrions-nous atteindre ?

---

(1) C'est ce qu'ont fort bien compris les fondateurs de la *Ligue socialiste antialcoolique* de Belgique. Cette société est affiliée au Parti ouvrier belge. Ses membres doivent être abonnés à un journal socialiste et faire partie d'un syndicat professionnel.

III

Développement des Coopératives de Production

> Le cabaret produit des esclaves ; la coopérative fait des hommes libres.
>
> *D. D.*

Le développement des coopératives de production donnera du travail — et du pain — aux militants socialistes jusqu'ici condamnés à mourir de faim ou à exercer la profession de cabaretier.

IV

Amélioration de l'Alimentation

> C'est une exception quand un homme qui se peut bien nourrir devient un buveur d'alcool.
>
> *J. Liebig.*

L'amélioration de l'alimentation populaire portera un coup terrible à la puissance de l'alcool.

Non seulement la nourriture du prolétaire est insuffisante, mais elle est souvent de mauvaise qualité et aussi — il faut bien l'avouer — préparée par des mains inhabiles.

Les conséquences d'un tel état de choses se devinent. L'estomac réclame des aliments plus sains et mieux préparés. On le fait taire avec de l'alcool.

« La mauvaise alimentation, disent les docteurs Sérieux et Mathieu, conduit presque fatalement à l'alcoolisme, l'ouvrier demandant à l'usage des boissons spiritueuses l'excitation factice qui semble l'aider dans ses rudes travaux. « La » consommation croissante de l'eau-de-vie, dit » le Dr Ladame, marche de pair avec la mau» vaise qualité de la nourriturre. » Nombre de jeunes filles qui ont toujours travaillé dans les fabriques ou dans les ateliers, n'ont jamais appris à faire la cuisine ; leur ignorance en cette matière chasse le mari au cabaret. »

Toute mesure ayant pour effet d'améliorer l'alimentation populaire doit être favorablement accueillie par les ennemis de l'alcoolisme.

V

Amélioration du Logement

> Un intérieur agréable éloigne du cabaret.
>
> *D. D.*

L'amélioration du logement doit préoccuper tous ceux qui s'intéressent à l'avenir de notre espèce.

Le logement du prolétaire est petit, sombre, malsain. Nous le voulons vaste, éclairé, rempli d'un air pur sans cesse renouvelé.

Une population condamnée à vivre dans des taudis est une proie marquée pour l'alcoolisme.

Rien n'attache l'homme du peuple à son intérieur. La femme grogne. Les enfants piaillent. Point de journaux. La ménagère les brûle. Point de livres. Les gosses les déchirent. Priver un homme des joies de la famille et de l'étude, c'est lui faire rechercher celles de l'ivresse. L'ouvrier passe au cabaret tout le temps qu'il devrait consacrer à son développement intellectuel et moral.

Améliorer le logement du prolétaire, lui permettre de posséder un cabinet d'étude, une bibliothèque, etc. est un puissant moyen de combattre l'alcoolisme.

VI

Réduction de la Journée de Travail

> Le plus puissant moyen de lutte contre l'alcool est la réduction de la journée de travail à une durée maximum de huit heures.
>
> *Dr V. Augagneur.*

La réduction de la journée de travail est l'un des plus sûrs moyens de mettre un terme à l'alcoolisation du Prolétariat.

L'alcool est un poison. L'homme malade peut

le rechercher. L'homme bien portant ne le désire pas.

Tout excès de fatigue est père de maladie.

Les longues journées de travail imposent l'usage permanent des spiritueux. Il faut les combattre.

« Se reposer est santé. » La sagesse des nations le dit. La Science le prouve.

Ses représentants les plus autorisés — physiologistes et médecins, hygiénistes et sociologues — ne sont-ils pas d'accord pour reconnaître que l'homme condamné au dur labeur industriel est une proie marquée pour l'alcoolisme ?

« Tous les êtres dans la Nature sont soumis à des périodes de repos qui succèdent à des périodes d'activité, dit le docteur J. Félix dans sa *Journée des Trois Huit* (1892) ; ces périodes coïncident non seulement avec les saisons, mais surtout et toujours avec les cours du soleil, avec le jour et la nuit. Ces influences de la lumière et de l'obscurité sur l'activité physique et intellectuelle sont d'une grande importance quant à la réparation des forces et à la conservation de l'individu ; on peut même affirmer qu'elles retentissent sur la génération des êtres.

» L'homme soumis à une activité physique ou cérébrale n'a pas besoin seulement d'une alimentation substantielle, mais une dose suffisante de repos et de sommeil est indispensable à la réparation de l'usure de son organisme.

« Le sommeil, dit Michel Lévy, a pour objet » de réparer une dépense de force ; il faut, » d'après cela, que la durée se proportionne à » l'intensité relative de la perte, ainsi qu'à la » faculté respective de sa réparation. On devra » donc, pour établir cette mesure, tenir compte » d'une part de la quantité d'exercice, de travail » musculaire, d'efforts intellectuels accomplis, et » faire déjà varier les concessions au besoin » de dormir selon le genre de vie et les profes- » sions. Mais ce n'est pas tout encore : Le sommeil » est une occasion d'économie, de réserves nutri- » tives, un état pendant lequel la recette plastique, » les produits de la nutrition et de l'assimilation » des aliments s'accumulent par l'abaissement » de la consommation respiratoire. »

» Le sommeil ne sert donc pas seulement à reposer les membres fatigués, à restaurer les pertes de l'économie, produites par la veille et le travail, mais, chose très importante et dont on doit tenir compte, il sert aussi à accumuler des réserves qui entretiennent l'activité, conservent les forces et la vigueur, et permettent au travailleur actif de conserver sa santé et d'atteindre une heureuse vieillesse, exempte des misères et des infirmités précoces qui accablent trop souvent l'homme qui ne jouit point du repos et du sommeil nécessaires et proportionnés aux labeurs de son existence. Les veilles et le sommeil insuffisant produisent la fatigue, la lassitude, la courbature; la constitution s'affaisse, l'intelligence diminue et s'altère; la faiblesse, l'amaigrissement, la sénilité se produisent, et si le sommeil manque totalement, surviennent la fièvre, le délire et la mort.

» La privation ou l'insuffisance de sommeil ne sont pas seulement nuisibles par elles-mêmes, mais encore par toutes les circonstances qui s'en suivent et dont elles sont l'occasion.

» A l'influence nocive d'un sommeil insuffisant s'ajoutent les dangers des sorties nocturnes, le méphitisme des ateliers et des salles de réunion, les excitations malfaisantes de l'éclairage artificiel, les fatigues, les excès de toutes espèces. Les ouvriers qui ajoutent le travail de la nuit à celui du jour doublent leur consommation de force sans pouvoir doubler aussi leur réparation nutritive; ils augmentent la durée de l'imprégnation morbide, diminuent la faculté naturelle qu'à l'organisme non surmené, d'éliminer les poisons morbigènes que nous fabriquons sans cesse pendant notre activité et provoquent l'éclosion d'un grand nombre de maladies graves, chroniques, mortelles.

» Les veilles et l'insuffisance de sommeil prolongent les stations vicieuses du corps, amènent la déformation des organes essentiels à la vie, provoquent enfin, même chez les ouvriers de la pensée, une fièvre spéciale, un malaise général, qui porte les travailleurs à chercher une excitation factice et funeste dans l'excès du tabac et des boissons alcooliques. La plupart des malheureux intempérants, qui sacrifient ainsi les heures si précieuses du repos de la nuit au travail intellectuel ou physique finissent par ne plus trouver le sommeil et tombent prématurément victimes de maladies cérébrales ou de paralysies générales, qui les conduisent finir leur triste existence dans les hospices d'incurables ou les maisons d'aliénés.

» Non seulement le sommeil est nécessaire, non seulement sa dose doit être proportionnée aux déperditions plus ou moins grandes causées par le travail plus ou moins fatigant ou plus ou moins assidu, persévérant, mais encore le sommeil de la nuit est le seul bienfaisant et complètement réparateur. « Le sommeil du jour, au contraire, » dit encore Michel Lévy, est léger, imparfait,

» troublé ; il laisse au réveil un malaise significatif
» et souvent même se montre plus nuisible que
» réparateur. Il y a donc tout profit à ne pas
» intervertir, à cet égard, les lois que la nature
» des choses semble avoir elle-même tracées. »

» Il serait impossible de fournir des preuves plus évidentes, non seulement de la nécessité d'un repos suffisant et proportionnel au travail effectué, mais encore de la nécessité de prendre la dose suffisante de sommeil pendant la nuit, si l'on veut conserver à l'organisme humain, l'intelligence, la vigueur et la santé, conditions indispensables pour *bien travailler*. Je souligne à dessein les mots *bien travailler*, car les ouvriers surmenés ne produisent guère rien de bon, ni en qualité, ni en quantité ; et si l'on fait, en outre, la part de l'influence du tabac et de l'alcool dans lesquels ils cherchent un stimulant factice, on peut affirmer que le manque de sommeil et de repos nécessaire au travailleur cause un dommage sérieux, important et est une perte sèche pour la production.

» Depuis Hippocrate jusqu'à nos jours, la moyenne des heures de sommeil jugée nécessaire à la conservation des forces et de la santé et prescrite par tous les physiologistes n'a guère varié ; on peut donc admettre que le minimum de sommeil pour l'adulte bien nourri et n'étant pas soumis à un travail exagéré, ni trop fatigant est de sept heures par jour. Mais il faut aussi ne pas perdre de vue que pour obtenir sept heures de sommeil, il faut bien en passer huit dans son lit ; par conséquent, l'homme qui journellement travaille de la tête ou du corps, doit absolument consacrer huit heures à son repos, et ce repos doit se prendre la nuit. »

« L'enfant dort beaucoup, dit le docteur C. de Páepe, le vieillard dort peu ; mais entre ces deux extrêmes, et surtout pour l'homme adulte menant une vie active, un sommeil de huit heures a, de tous temps, été considéré comme un minimum conforme à l'hygiène (toute question de climat, de tempérament, etc., etc., mise à part). Les anciens Romains, qu'on ne peut considérer comme un peuple de paresseux, admettaient qu'il fallait huit à neuf heures pour un sommeil réparateur ; et l'on citait comme un fait extraordinaire le cas d'Auguste, qui ne dormait que sept heures par jour: *Augustus non amplius dormiebat quam septem horas.* »

La journée de huit heures que réclament les organisations ouvrières et socialistes des Deux-Mondes est un maximum au-dessus duquel l'homme ne peut monter.

« La fameuse expérience de Pettenkofer et Voit, citée par le docteur Napias, dit Jules Guesde, est concluante sur ce point. Bien qu'il s'agit d'un « ouvrier vigoureux, suffisamment alimenté », — ce qui n'est pas le cas de la classe ouvrière en général — neuf heures de travail l'avaient laissé en déficit de 192 grammes d'oxygène, qu'il avait dû emprunter à ses propres tissus, et dans l'impossibilité, même avec une nuit de repos, de « récupérer la provision nécessaire à une nouvelle « période de travail. »

On ne peut donc sans danger exiger d'un ouvrier adulte plus de huit heures de travail par jour.

L'excès de fatigue et le manque d'aliments condamnent l'ouvrier à l'autophagie. Pour vivre, il doit consommer sa propre substance (graisse, sang, muscles. etc.). A ce régime, il perd de son poids et de ses forces physiques et intellectuelles.

La faillite physiologique le guette (1).

---

(1) « Vivre, dit le docteur L. CRUVEILHIER, c'est assimiler pour dépenser et agir, ou plutôt la vie n'est en soit qu'un mouvement rapide et continu de renouvellement et d'élimination, et comme tout renouvellement suppose dans l'ordre physiologique ou vital, comme dans l'ordre mécanique, une dépense de matière ou de force, de même que la mise en activité d'une locomotive ou d'une machine quelconque suppose une dépense de calorique et de combustible, il est nécessaire que l'organisme dont la substance est entraînée dans cet incessant tourbillon, répare continuellement ses pertes, sous peine de souffrance et de mort. « Si la » réparation manque pendant que la dépense continue, dit Moleschott, » la composition des tissus s'altère bientôt, et le sang, qui emprunte » non-seulement pour les tissus, mais aussi pour lui-même, fait ban- » queroute en quelques jours au plus, car l'oxygène, qui est un des

« Il résulte de nombreuses observations prises par le professsur Ritter, dit le docteur J. Bach, qu'un ouvrier terrassier fournit journellement un travail de 100.000 kilogrammètres; un mineur perçant la roche, un travail de 141.000; un manœuvre élevant au treuil des matériaux pour les constructions, un travail variant de 130.000 à 159.000 kilogrammètres; un homme montant sans charge un plan incliné produit en moyenne un travail de 140.000 kilogrammètres et quand il marche, toujours sans charge, sur terrain absolument horizontal, il atteindra un travail de 175.000 kilogrammètres pour une marche de 25 kilomètres; ce dernier chiffre s'apppliquant à un homme du poids de 70 kilogrammes faisant des pas de 60 centimètres de longueur et soulevant de 6 centimètres de hauteur à chaque pas le poids de son corps, ce qui est le travail ordinaire

---

» agents de la vie et le principal agent de la décomposition des sub-
» stances organiques, épuise ses ressources et le consume. » Alors et en premier lieu disparaissent la graisse, dont les éléments, hydrogène et carbone, s'associent le plus facilement à l'oxygène, pour former de l'acide carbonique et de l'eau. Après la graisse, disparait l'albumine des tissus, et l'on voit progressivement s'atrophier les muscles, le cœur, la rate et le foie, où abonde cette substance. Le cerveau et les nerfs, composés d'albumine, de graisse et d'une assez forte proportion de phosphore, paraissent, il est vrai, résister à cette décomposition générale des organes; mais cette exception tient, autant qu'on peut le supposer, à la promptitude avec laquelles ces organes demandent aux autres parties du corps le remplacement de la substance dépensée. Il est donc indispensable que la dépense incessante que le mouvement de la vie détermine et provoque en dehors de tout exercice appréciable soit couverte, et lorsqu'il n'en est point ainsi, l'être dont la substance fondamentale est à peu près consumée s'affaiblit graduellement et s'éteint comme la flamme de la lampe dont l'huile est épuisée. »

de nos facteurs ruraux. En prenant comme moyenne le chiffre de 128.000 kilogrammètres, rien que pour le travail extériorisé et sans compter la chaleur nécessaire à l'entretien de la vie dans la machine humaine, on voit à raison d'une calorie par 425 kilogrammètres, le nombre d'unités de chaleur correspondant au travail musculaire. Or, d'où provient la chaleur du corps humain si ce n'est des aliments qu'il ingère?

» Un homme sans charge aucune marchant sur un terrain horizontal perd une calorie, une unité de chaleur, tous les 61 mètres. Il en perd 70 à chaque altitude de 425 mètres à laquelle il s'élève. Au repos, il produit par 24 heures 3.500 calories environ qui lui sont nécessaires pour entretenir les besoins de son corps, et la ration de simple entretien de son organisme pour une alimentation mixte, devra être alors de 88 grammes de substances albuminoïdes (viande), de 426 grammes de matières féculentes et de 53 grammes de corps gras. Mais que deviendront les proportions de ces matériaux alimentaires quand le travailleur sera obligé à des efforts correspondant aux 128.000 kilogrammètres du travail exténuant auquel il est obligé? Si la machine humaine pouvait être alimentée avec du charbon, un ou deux kilogrammes de houille suffiraient amplement, et cela ne coûterait que quelques centimes. Mais le corps humain a besoin d'aliments beaucoup plus coûteux et s'il n'a pas sa ration de travail, ou même, sans travailler, sa ration d'entretien, il tombera bientôt dans la faillite organique et dynamique que je signalais tout à l'heure.

» En outre des effets d'inanition plus ou moins rapidement mortels qu'entraîne l'insuffisance alimentaire, il y a aussi à tenir compte de la réduction des heures de repos, conséquence inévitable d'un travail trop prolongé. Il est une équation physiologique et sociale qu'on peut formuler ainsi : « Le temps de repos et les maté-
» riaux de réparation doivent être en proportions
» relatives à la dépense organique, à l'intensité
» et à la durée du travail. » Peut-il entretenir son corps, sa machine vivante, en état d'équilibre physiologique, le pauvre travailleur surmené physiquement et ne touchant que le salaire de famine ? Evidemment non, il ne le peut pas, ou du moins il ne le pourra pas longtemps. Soumis à l'inanition lente, faute de pouvoir se procurer une alimentation nécessaire, il verra bientôt sa graisse — s'il lui en reste encore quelque peu, — son sang, ses muscles, tous ses organes même, s'user, se brûler comme se brûle le charbon qui fait

tourner la machine métallique, la substance, en un mot, de sa chair se transformer en travail qui, incorporé dans le produit fabriqué, ira constituer le profit du capitaliste. Les globules discoïdes de son sang se seront ainsi transformés en écus qui iront enfler la bourse de son exploiteur. Et ce ne sera plus métaphoriquement, mais très exactement, objectivement pourrait-on dire, que le vampirisme et l'anthropophagie sont devenus des faits actuels sous le régime capitaliste. On a souvent parlé des accapareurs qui se nourrissaient de la sueur du peuple. Ce n'était pas exactement rapporter les faits relatifs à la misère des travailleurs. Aujourd'hui, la science elle-même nous prouve que ces accapareurs se nourrissent de sa chair et de son sang. »

L'homme ne peut vivre sans prendre quotidiennement une ration d'aliments et une ration de sommeil. Si l'une de ces rations est trop faible, qu'arrivera-t-il ? Le corps affaibli, débilité, ruiné, éprouvera des besoins artificiels, factices. Il réclamera aux pires toxiques des sensations que le lit et la table n'ont pu lui procurer. L'alcool deviendra sa boisson de prédilection.

Les longues journées de travail tuent l'amour

de l'étude (1), le besoin de connaître, de se passionner pour le vrai et le juste... Enlever à l'homme la possibilité de s'instruire, c'est lui imposer l'usage des spiritueux.

« La véritable cause de l'alcoolisme, dit le Dr V. Augagneur, c'est l'insuffisance d'activité cérébrale, c'est l'indigence, la détresse intellectuelle, le désœuvrement mental. Tout individu qui, sa besogne personnelle achevée, est incapable de s'occuper d'autre chose que de cette besogne, est un terrain propice à l'alcoolisme. Combien, en dehors de leur compétence technique, sont inaptes à penser, à comprendre, à exposer quoi que ce soit. Quand l'ouvrier, après dix ou onze heures de travail machinal, sort de l'usine, il est désorienté, il ne sait comment tuer le temps qui s'écoulera avant qu'il dorme : il boit. L'employé, le fonctionnaire quitte son bureau, son administration ; en dehors du bureau, de l'administration, rien ne le passionne, rien ne l'intéresse : il boit.

(1) « Les physiologistes de tous les temps et de tous les pays, dit Félix, sont d'accord pour proclamer la nécessité d'associer dans de justes mesures le travail intellectuel au travail physique, parce qu'associés ils se complètent et qu'il est certain que l'un repose de l'autre. Cette variation physique et intellectuelle amène le développement harmonique du corps et du cerveau, et conduit non seulement à faire des travailleurs vigoureux, mais des citoyens honnêtes, intelligents et bons. Cette influence de la culture des travaux de l'esprit et du corps est immense sur les générations. Elle diminue les dégénérés, les idiots, les rachitiques, les maladifs, les criminels, et par conséquent finirait par laisser vides les hôpitaux, les hospices, les prisons et les bagnes, qui débordent aujourd'hui et sont la plaie et le scandale de notre absurde et égoïste civilisation. »

Le médecin de campagne, et cela est malheureusement trop fréquent, après une journée de courses fatigantes, ayant perdu l'habitude du travail intellectuel, fait comme l'ouvrier, comme l'employé : il boit. Les jours de dimanche et de fêtes, le travail ordinaire est supprimé, le travailleur s'en va le long des chemins, désemparé, sans but, embarrassé de sa liberté, et échoue fatalement au cabaret : les jours de repos sont des jours d'ivrognerie. Notre société souffre de ce désœuvrement, de cette inaction intellectuelle, et c'est là la vraie cause de l'alcoolisme. Le plus grand nombre de nous, dès que le métier n'est plus là pour faire agir les bras ou quelques cases du cerveau, ne savent plus que devenir. L'alcool est leur refuge, parce qu'il procure au système nerveux des sensations qui tiennent la place des idées absentes. Quand, la journée terminée, les ouvriers, les employés, le monde entier du travail, sera capable de discuter, de lire, de comprendre la beauté intellectuelle ou artistique, les grossières jouissances de l'alcoolisme ne trouveront plus d'adeptes que parmi les dégénérés ou les inférieurs. Comment voulez-vous que le manouvrier attelé au métier, à la brouette dix et onze heures par jour, n'arrive pas à une totale déchéance intellectuelle et morale ? Les grossières jouissances physiques du cabaret, c'est tout ce qu'il peut ressentir dans sa fatigue corporelle et la vacuité de son cerveau. A celui-là vous pouvez offrir des bibliothèques, des musées; où voulez-vous qu'il prenne le temps de s'initier à ces choses? La longue journée fait des brutes fatalement, et la brute s'enivre au moins fatalement. Imaginez une société autrement constituée: les écoles, imprégnées de l'esprit libéral, ont appris aux adolescents à se servir de leur intelligence, à jouir de son activité. Adultes, huit heures par jour, ils peuvent continuer à faire travailler leur cerveau, toujours entraîné, parce que la fatigue physique n'est pas excessive. Le métier n'est plus l'unique objet de l'existence, c'est seulement le procédé employé pour gagner la vie; il ne prend qu'un moment chaque jour, et le surplus est employé à rester un homme. Les individus ne seront plus divisés en menuisiers, médécins ou marchands: leur profession n'importera pas, leur valeur humaine, dont la mesure pourra se manifester pour tous, seule établira des différences. Eh bien, je l'affirme, parce que c'est fatal, parce que c'est conforme aux tendances humaines, quand un peuple, instruit librement, ne sera plus voué uniquement au travail physique, ce ne sera plus un peuple désœuvré et ce peuple ne boira plus. »

Un travail sain, un repos suffisant, la possibilité de goûter les joies de la vie familiale et sociale, de s'instruire, de mener une existence vraiment humaine, voilà ce qu'il faut à l'homme que l'on veut éloigner des spiritueux.

La réduction des heures de travail s'impose.

Les ouvriers la réclament, non pour s'enivrer — comme le prétendent les chiens de garde du Capital — mais bien, au contraire, pour pouvoir se soustraire au joug de l'alcool.

Les porteparoles du Prolétariat condamnent l'ivrognerie.

Les masses populaires délivrées des longues journées de travail chercheront d'autres distractions que celles des substances enivrantes.

N'avons-nous pas vu l'alcoolisme reculer dans tous les pays où la durée maximum du travail quotidien a été réduite à neuf ou huit heures?

Aux Etats-Unis, la consommation de l'alcool a diminué de près de moitié au cours des années 1860-1893. Elle était de 2 litres 857 en 1893 contre 5 litres en 1860.

En Angleterre, ce n'est pas seulement l'alcool, c'est aussi le vin que l'on délaisse. Pendant la période décennale 1871-1880, il s'est consommé annuellement dans le Royaume-Uni 5 litres 36 d'alcool pur par tête. Ce chiffre est tombé à 4 litres 45 pour 1881-1890 et à 4 litres 31 pour 1894. La consommation individuelle du vin a été de 2 litres 3 au cours des années 1871-1880, 1 l. 74 pour la période 1881-1890 et 1 l. 6 en 1894.

L'usage des spiritueux est plus répandu en Irlande qu'en Angleterre. Il l'est davantage encore en Ecosse. Ainsi, en 1879-1880, la consommation moyenne par tête était en Ecosse de 7 litres 95 d'alcool à 100 degrés, en Irlande de 4 l. 54 et en Angleterre de 2 l. 95 seulement.

La proportion des hommes ayant atteint soixante ans est de 10. 2 % en Angleterre contre 7. 2 % en Ecosse et 6 % en Irlande.

La mortalité anglaise est, à cette heure, l'une des plus faibles de l'Europe et du monde. Au cours des années 1861-1870, le nombre des décès atteignait annuellement 2.27 % de la population. Il est descendu à 2.14 % en 1871-1880, à 1.91 % en 1881-1890, à 1.83 % en 1892-1894 et à 1.77 % en 1897, soit une diminution de plus de 22 % en un tiers de siècle.

En Australie, la réduction de la durée du travail a produit des effets analogues. La mortalité y a décru de 12.7 % au cours des années 1871-1893.

Partout les ouvriers ont mis à profit leurs loisirs. Ils sont devenus plus forts, plus instruits, plus moraux et aussi plus tempérants.

En Angleterre où, depuis une trentaine d'années, la journée de travail ne dépasse guère neuf heures dans la presque totalité des professions, l'alcoolisme perd chaque jour du terrain.

James Graham — qui fut Secrétaire d'Etat — en a fait le précieux aveu. « La consommation des boissons enivrantes. dit-il, a diminué constamment à mesure que l'on a réduit la journée. »

Le même phénomène a été observé en Suisse, en Australie, etc.

Raoul Jay dans une étude sur la *Limitation légale de la journée de travail en Suisse* (1891) constate que la réduction des heures de travail dans la République helvétique a « ramené l'ivrognerie au minimum. »

« C'est surtout en Australie, dit Arcès-Sacré dans ses *Lois du Socialisme* (1894), que les effets moralisateurs de la loi des huit heures ont pu être appréciés. Retirés dans la banlieue des villes, les travailleurs se retrempent dans la vie de famille. Les uns s'adonnent au jardinage ou au sport ; d'autres se consacrent à l'étude des questions sociales, qui passionnent les intelligences d'élite. Incontestablement, le sentiment de la tempérence pénètre peu à peu chez les hommes de dur labeur, que le patronat vouait à l'ivrognerie, par les conditions même de l'existence qui eur était imposée. »

Dans la province de Victoria, la journée de huit heures n'eut pas de plus acharnés adversaires que les cabaretiers. Faut-il s'en étonner ? Assurer au travailleur des loisirs, n'est-ce pas l'éloigner à jamais de l'assommoir?

La Bourgeoisie ne veut ni ne peut mettre un terme à l'empoisonnement du peuple par l'alcool.

Seul le Parti socialiste veut et peut triompher du mal.

C'est donc sous son étendard que doivent se ranger tous ceux qui désirent lutter efficacement pour soustraire la race humaine à la plus funeste des intoxications.

TROISIÈME SECTION

LE REMÈDE

I.— Le Tombeau de l'Alcoolisme.

I

La révolution future résoudra le problème de l'alcoolisme.

A. Le Roy.

LE PROLÉTARIAT SERA SON PROPRE MÉDECIN.

Puisque la Bourgeoisie — mourante — ne

peut le guérir, il luttera seul contre la maladie. Il la vaincra.

Tant qu'il y aura sur terre exploitation, il y aura intoxication.

Toute société basée sur l'inégalité est mère de maladie.

L'ÈRE DE SANTÉ INDIVIDUELLE RÊVÉE PAR L'ÉLITE INTELLECTUELLE ET MORALE DE NOTRE TEMPS NE POURRA NAITRE QUE SUR LES RUINES DE L'ORDRE CAPITALISTE.

LE SALUT EST DANS LE TRIOMPHE DU SOCIALISME.

CONCLUSION

> Lutter aujourd'hui pour la just sociale, n'est-ce pas uniquement se défendre contre la mort ?
>
> *D. D.*

L'alcool est un poison.

L'alcool est un anesthésique. Il atténue ou détruit les sensations de faim, de soif, de chaud, de froid, de fatigue, d'ennui, de crainte, de remord, etc.

Les organismes malades le recherchent. Ceux que la misère et le surmenage ont débilités s'en montrent particulièrement friands.

Que faire pour éloigner l'homme de l'alcool?

Lui créer des conditions d'existence plus humaines.

L'universalisation du bien-être s'impose.

L'usage de l'alcool a enfanté l'alcoolisme.

Ce mal met en péril l'existence même de la race: il multiplie le nombre des malformés (anencéphales, microcéphales, hydrocéphales, etc.), des nains, des chétifs, des paralytiques, des idiots, des aliénés, des hypocondriaques, des lypémaniaques, des histériques, des épileptiques, etc.; il fait éclore ou accroître les maladies les plus meurtrières: tuberculose, fièvre typhoïde, gastrite, dyspepsie, cancer, cirrhose, pneumonie, hydropisie, delirum tremens, etc.; il pousse au suicide, au crime...; il crée la stérilité; en un mot, il diminue la force physique et abaisse le niveau intellectuel et moral de la population.

Jamais famine, jamais épidémie n'a fait autant de victimes. Jamais guerre, jamais cataclysme n'a accumulé autant de ruines.

Les sources de la Vie sont empoisonnées. Qui les désintoxiquera? Est-ce la Bourgeoisie? Non. Elle ne le veut pas. L'alcool le protège. Elle ne le peut pas. L'alcool le domine. Est-ce le Prolétariat? Oui.

L'Homme émancipé du joug de la Nature et de la Société délaissera les joies précaires de l'ivresse. Ses besoins étant satisfaits, il n'aura plus rien à demander aux spiritueux.

Voulez-vous bannir l'alcool de l'alimentation? Socialisez les sources de la richesse. Assurez à tous les hommes: bien-être, savoir, sécurité et liberté.

Le Socialisme sera le salut des peuples dominés par le Capital.

Le devoir des pionniers du Progrès est de préparer son triomphe.

RÉPERTOIRE ALPHABÉTIQUE

DES

NOMS PROPRES

A

B

C

D

E

F

G

TABLE DES MATIÈRES

CHAPITRE III.

L'Alcoolisme

CHAPITRE IV

Les Causes de l'Alcoolisme

CHAPITRE V

La Lutte contre l'Alcoolisme

Première Section

LES PALLIATIFS CONSERVATEURS

Deuxième Section

LES PALLIATIFS SOCIALISTES

Troisième Section

LE REMÈDE

Roubaix. Imp. H. Vanhulle.

www.ingramcontent.com/pod-product-compliance
Ingram Content Group UK Ltd.
Pitfield, Milton Keynes, MK11 3LW, UK
UKHW021127220726
13924UKWH00004B/1951